Paul Pollack

MIT DEM RAD ZU KULTUR & NATUR

Donau

Paul Pollack

MIT DEM RAD ZU KULTUR & NATUR

Donau

Passau–Wien–Hainburg

Donauradweg
in 11 Etappen

NP
VERLAG NIEDERÖSTERREICHISCHES PRESSEHAUS
St. Pölten–Wien

Titelbild:
Blick auf die Donau von der Altane des Stiftes Dürnstein

Die Vervielfältigung der Stadtpläne mit den Ortsdurchfahrten erfolgte mit freundlicher Genehmigung von Schubert & Franzke, St. Pölten

1. Auflage 1995

Einbandentwurf: Atelier Rendl, Wien

Etappenkarten: Josef F. Sochurek, St. Pölten

Gesamtherstellung:
Niederösterreichisches Pressehaus
Druck- und Verlagsgesellschaft mbH
A-3100 St. Pölten, Gutenbergstraße 12

ISBN 3 85326 021 7

Ein Vorwort mit wichtigen Hinweisen

Der Radwanderweg Passau–Wien gilt als Paradestrecke unter den europäischen Radwanderrouten. Und das mit Recht. Auf keiner anderen Strecke sind Natur und Kultur so eng miteinander verknüpft wie in diesem rund 300 Kilometer langen Flußtal, kaum sonstwo findet sich diese Mischung aus landschaftlicher Schönheit, kulturhistorischen Sehenswürdigkeiten, exzellenter Gastronomie und bodenständigem Brauchtum. Und wenn der Donauradweg auch als radtouristisches Aushängeschild Österreichs gilt, so hat sich die Region doch ihren ursprünglichen Charakter bewahrt.

Der Radweg folgt im wesentlichen dem Lauf der Donau und weist daher kaum Steigungen auf. Deshalb kann die ganze Strecke von Passau bis Wien und weiter bis Hainburg auch von untrainierten Radfahrern bewältigt werden. Und da der größte Teil der Strecke aus eigenen Radwegen oder Treppelwegen an der Donau besteht, die Radfahrer also mit dem übrigen Verkehr kaum in Berührung kommen, dürfen auch Familien mit Kindern dieses Raderlebnis wagen.

Dafür spricht noch ein Umstand: Sollte das Wetter so schlecht sein, daß Sie nicht mehr weitermachen wollen, oder Ihre Kondition so nachlassen, daß Sie nicht mehr radeln können, haben Sie immer die Möglichkeit, sich und Ihr Fahrrad in die Bahn zu verfrachten oder – in bestimmten Abschnitten – ein Schiff zu besteigen. Mit Hilfe der Bahn und der Schiffe können Sie auch nur einzelne, besonders reizvolle Streckenabschnitte per Drahtesel zurücklegen. Dazu brauchen Sie nicht einmal ein eigenes Fahrrad. Die Aktion „Fahrrad am Bahnhof“ macht es möglich. Wenn Sie bei einem Bahnhof ein Fahrrad ausborgen, können Sie es bei jedem beliebigen ÖBB-Bahnhof wieder abgeben.

Wie lange Sie für die ganze Strecke brauchen, hängt von Ihrer Kondition und von der Länge der Pausen ab, die Sie einlegen. Die Etappen, nach denen die Strecke in diesem Buch eingeteilt ist, sollten Sie dabei nicht irritieren. Es sind logische Etappen, Streckenabschnitte, die man bewältigen kann, ohne zwischendurch Karten oder andere Orientierungshilfen in Anspruch nehmen zu müssen.
Auf den meisten Streckenabschnitten besteht die Möglichkeit, sowohl am linken wie auch am rechten Donauufer zu radeln. Die Vor- und Nachteile dieser Routen werden im jeweiligen Kapitel behandelt, so daß Sie selbst entscheiden können, welche Route Sie wählen. Mit der Orientierung werden Sie weder auf der einen noch auf der anderen Stromseite Schwierigkeiten haben, da die ganze Strecke in beiden Richtungen vorzüglich ausgeschildert ist.
Schwierig könnte es allerdings werden, ein Quartier zu finden. Besonders an den „langen" Wochenenden und während der Maifeiertage sind die Hotels und Gasthöfe am Donauradweg so gut wie ausgebucht. Lassen Sie sich daher mit der Quartiersuche nicht allzulang Zeit, wenn Sie nicht schon im vorhinein reserviert haben.
Der Treppelweg, den Sie auf einem Großteil der Strecke benützen, wurde eigentlich für Zwecke der Schiffahrt und für die Fahrzeuge der Wasserstraßenverwaltung angelegt. Daraus ergibt sich, daß hie und da auch Autos den Treppelweg benützen. Machen Sie diesen Fahrzeugen Platz. Die Leute in diesen Autos sind nicht zu ihrem Vergnügen unterwegs.
Halten Sie auch auf dem Radweg bei Begegnungen mit anderen Radfahrern oder Fahrzeugen die Rechtsfahrordnung ein. Und halten Sie auch Ihre Kinder dazu an. Je weniger passiert, umso weniger Vorschriften werden für die Benützung der Rad- und Treppelwege notwendig sein.
In diesem Sinne: Viel Spaß und gute Fahrt!

Inhalt

Zeichenerklärung

Apotheke
Arzt
Bahnhof
Bank
Campingplatz
Fähre
Fahrrad am Bahnhof; Radverleih
Freibad
Gasthof
Hallenbad
Informationsstelle
Jugendherberge
Museum
Radwerkstätte
Schiffstation
Radweganschluß

Sage, Anekdote

Sehenswertes

Wissenswertes

Informatives

Ausflug

Ausflug mit Kindern

1. Etappe

Passau – Schlögen

39 km

Schon auf der ersten Etappe gibt es allerhand zu staunen und zu kosten. Noch bevor Sie losradeln, werden Sie über den Reichtum einer bischöflichen Residenzstadt und den Prunk, den man in ihrem Dom entfaltet hat, staunen. Staunen Sie über einen Platz, der keinen erkennbaren Zu- oder Abgang hat. Staunen Sie über die sagenhafte Behausung eines seltsamen Schneiderleins hoch über der Donau, über die religiösen Rituale der schweigenden Mönche von Engelszell, oder staunen Sie über die Forellen von St. Aegidi, die wie Zirkuslöwen durch Reifen springen.

Seite 11:
Passau: Stephansdom und Veste Oberhaus/Schlögen: Donauschlinge

Passau rühmt sich, immer noch fünf Brauereien zu besitzen. Da muß man doch mindestens ein Bier kosten, zusammen mit einer original bayrischen Weißwurst. Und auch der Klosterschnaps der Trappisten ist nicht zu verachten, er wird in ganz Oberösterreich als Allheilmittel geschätzt.

Wer weiß, vielleicht hilft er, äußerlich angewendet, auch gegen Muskelkater oder, in kleinen Mengen genossen, gegen plötzlich auftretende Konditionsschwäche.

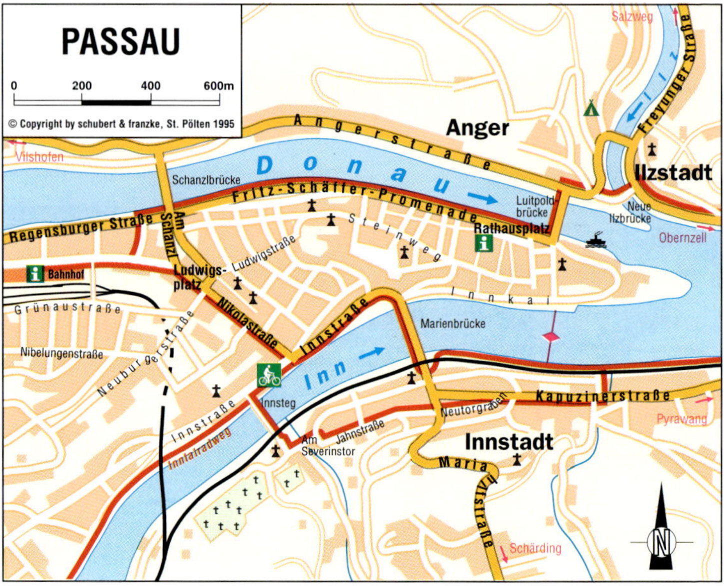
PASSAU
0
200
400
600m
© Copyright by schubert & franzke, St. Pölten 1995
Angerstraße
Anger
Ilzstadt
Salzweg
Freyunger Straße
Ilz
Vilshofen
Schanzlbrücke
Donau
Fritz-Schäffer-Promenade
Luitpold-brücke
Neue Ilzbrücke
Obernzell
Regensburger Straße
Am Schanzl
Steinweg
Rathausplatz
Bahnhof
Ludwigs-platz
Ludwigstraße
Innkai
Grünaustraße
Nikolastraße
Innstraße
Marienbrücke
Nibelungenstraße
Neuburgerstraße
Inn
Innsteg
Kapuzinerstraße
Neutorgraben
Pyrawang
Innstraße
Innradweg
Am Severinstor
Jahnstraße
Innstadt
Mariahilfstraße
Schärding
N

Wissenswertes, Sehenswertes in Passau

1

Fremdenverkehrsverein ☎ 06/0851-3919-0

Oberhausmuseum. Öffnungszeiten: Täglich, außer Mo, 9–17 Uhr

Inntalradweg nach Schärding

Passau ist mit Wien nicht nur durch die Donau verbunden. Von der Drei-Flüsse-Stadt aus – sie liegt am Zusammenfluß von Inn, Donau und Ilz – wurde die ganze Donauregion bis weit hinunter nach Ungarn kolonisiert und christianisiert.

Durch ein Jahrtausend (von 739 an) war Passau das Zentrum des größten deutschen Bistums.

Der ungarische König wurde nach dem Passauer Schutzpatron Stephan benannt, der Stephansdom in Wien war bis 1468 eine Tochterkirche Passaus, und auch das Benediktinerstift Göttweig bei Krems, an dem Sie noch vorbeikommen werden, ist eine Gründung des Passauer Bischofs Altmann.

Diese kirchliche Macht dokumentiert sich bei einem Rundgang durch Passau auf Schritt und Tritt. Der die Stadt beherrschende – zunächst gotische – Dom, der sich wahrscheinlich aus der Kirche eines Römerlagers entwickelte, wurde nach dem großen Stadtbrand 1662 im Barockstil wiederaufgebaut. Er beherbergt heute die mächtigste Orgel der Welt. Sie hat 16.744 Pfeifen, von denen die größte 11,3 Meter und die kleinste 6 Millimeter mißt. Die holzgeschnitzte und vergoldete Kanzel mit 16 Figuren wurde 1726 in Wien angefertigt.

Kanzel des Domes

Der Domplatz ist ein architektonisches Wunder. Auch bei näherem Hinsehen sind die zu ihm führenden Straßen nicht zu erkennen.

Der Platz war ursprünglich nur dem kanonischen Adel zugänglich. Die Domherren wohnten in den 16 Kapitelhöfen, die den Platz begrenzen.

Die Barockisierungsbemühungen der Passauer Bischöfe sind auch an der Alten Bischöflichen Residenz zu erkennen, doch kommen hier die romanischen und gotischen Elemente noch deutlicher zum Vorschein. Im Gegensatz dazu ist die Neue Bischöfliche Residenz ein klassischer Barockbau.

An der Pauluskirche, der Stadtpfarrkirche, können Sie nicht vorübergehen, denn an ihr vorbei und unter ihr durch windet sich der Verkehr durch den sogenannten Paulusbogen zur Altstadt. Nach dem Dom ist das sicher der meistphotographierte Winkel der alten Bischofsstadt. Ein zweiter solcher Durchschlupf befindet sich auf der Innseite der Stadt, in der Nähe der Marienbrücke.

Schrottgasse: Rathaus

Das Rathaus, ein spätgotischer Bau mit Front zur Donau, ist ein durch ein Gewirr von Treppen verbundenes Ensemble von sieben mittelalterlichen Häusern. Der Turm trägt die Hochwassermarken, an denen man ablesen kann, welchen Überschwemmungen die tieferliegenden Stadtteile ausgesetzt waren. Dort erinnert auch ein Relief an die Wittelsbacher Prinzessin und spätere Kaiserin von Österreich „Sisi", die hier auf ihrer Brautfahrt nach Wien das Schiff bestiegen hat.

Das Pendant zum Rathaus auf der Innseite ist die Michaelskirche. Diese ehemalige Jesuitenkirche wurde gleichfalls nach dem Stadtbrand als reiner Barockbau wiedererrichtet.

Zu dieser Kirche gehörte das ehemalige Jesuitenkolleg, heute Gymnasium und Hochschule, mit frühbarocken Hofanlagen und prächtigen Arkadengängen.

Innpromenade: Schaiblingsturm

Nach einer Besichtigung des Klosters Niedernburg und des sogenannten Schaiblingsturms am Ufer des Inn sollten Sie noch bis zum Drei-Fluß-Eck spazieren, dem Zusammenfluß von Inn, Ilz und Donau.

Auf der anderen Seite der Donau, an der Einmündung

Drei-Fluß-Eck mit Veste Niederhaus

der Ilz, liegen die Veste Niederhaus und die Veste Oberhaus, in der heute mehrere Museen untergebracht sind. Jenseits des Inn liegt Innstadt, darüber Kloster und Wallfahrtskirche Mariahilf.

Passau besteht allerdings nicht nur aus Hochkultur, Blasengerln und anderen Sehenswürdigkeiten. Die Drei-Flüsse-Stadt rühmt sich, noch immer fünf Bierbrauereien zu besitzen, in den Biergärten gibt es kräftige bayrische Kost. Eine Spezialität ist die Weißwurst, die man allerdings nur zur Vormittagsjause essen sollte, denn nach Meinung der Kenner fehlt ihr nach elf Uhr der frische Geschmack.

Nicht zum Essen bestimmt ist der Passauer Knödel. Er ist ein kugelförmiger Springbrunnen im Hof einer Sparkasse in der Ludwigstraße.

Wenn Sie die Veste Oberhaus besuchen oder die Stadt per Rad auf der nördlichen Route verlassen, überqueren Sie die Donau auf der Luitpoldbrücke. Sie wurde 1869 als erster Drahtseilsteg Deutschlands zunächst nur für Fußgänger gebaut. Allerdings begannen die Verankerungen im Oberhauser Berg zu rosten, deshalb errichtete man 100 Meter stromaufwärts eine neue Hängebrücke. Sie wurde 1910 eröffnet.

Die Straße zur Ilzbrücke wurde erst 1762 durch den Georgsberg gebrochen. Bis dahin war Ilzstadt ein eigenständiges Gemeinwesen, Wohnsitz der Schiffer, Holzfäller, Triftknechte und der Juden. Die Veste Niederhaus, über deren Entstehung kaum etwas bekannt ist, diente ursprünglich als Mautburg, später wurde sie als Vorwerk der Veste Oberhaus angeschlossen.

Wer mündet in wen?

Die Donau ist bei Passau etwa 125 Meter breit, der Inn 180 Meter. Da der Inn außerdem schneller fließt, staute er früher die anderen Flüsse. Erst durch die Kraftwerksbauten haben sich die Strömungsverhältnisse geändert, aber daß eigentlich die Donau in den Inn mündet, kann man am verschieden gefärbten Wasser mit freiem Auge erkennen.

Städtchen mit schlanker Taille

Wenn Sie Passau auf der Südroute verlassen und den Inn auf dem sogenannten Fünferlsteg überqueren – ein Fünferl war die Maut, die man vor noch gar nicht allzu langer Zeit für die Benützung des Steges bezahlen mußte –, dann kommen Sie nach Innstadt, dem Städtchen mit der schlanken Taille. 1800 Meter ist Innstadt lang, aber nur 200 Meter breit. Vom Innsteg gelangen Sie direkt zum Severins- oder Peichertor. Der hl. Severin war der erste Bischof von Passau. Er starb 482 in Mautern bei Krems, zog also – wie Sie – die Donau abwärts. Hier am Peichertor stieß man bei Grabungen auf die Fundamente des Kastells Bojodurum, einer Festung aus dem letzten Jahrhundert der römischen Herrschaft. Innstadt und Passau wurden bereits 1143 durch eine Brücke miteinander verbunden.

- Wallfahrtskirche Mariahilf. Herrlicher Blick auf Passau
- Naturerlebnisweg (Inntalradweg). Innaufwärts zum Schloß Neuburg, zum Kloster Vornbach und in die Barockstadt Schärding mit der „Silberzeile“
- Tierpark Freinberg (starke Steigung)

Blick auf Amtsgericht, Studienkirche und Veste Oberhaus

Ihre Route am Nordufer

Aus Passau herauszufinden ist nicht schwer, überhaupt wenn Sie schon eine Sightseeing-Tour absolviert haben, denn dann sind Sie mit den örtlichen Gegebenheiten bereits einigermaßen vertraut. Auch am linken Ufer müssen Sie ein erstes, kurzes Stück im Verkehr mitradeln; dennoch ist das Nordufer dem Südufer vorzuziehen, weil der Radweg dort fast ausgebaut ist. Später wird es richtig idyllisch. Zum Abschluß gibt es eine Zillenfahrt über die Donau.

Zum nördlichen Donauufer geht es vom Bahnhof aus zunächst rechts. Aber schon am Ende des Bahnhofsplatzes zweigen Sie links in die Badhausstraße ab, die hinunter zur Donaulände führt. Unter der großen Brücke durch und am Rathaus vorbei, überqueren Sie die Donau auf der Luitpoldbrücke. Fahren Sie dann rechts über die Ilz auf dem neuen Radweg in Richtung Obernzell. Beim Kraftwerk Jochenstein zweigt rechts der „Radweg zur Grenze“ (Richtungspfeil) ab. Vor der Brücke über die Ranna mündet der Radweg wieder in die Straße. Sie halten sich rechts. In Niederranna können Sie ans andere Ufer wechseln, oder Sie biegen vor der Brückenauffahrt rechts ab und nehmen den zweiten Weg links, der Sie unter der Brücke durch nach Au führt, wo es in einem Abstand von einem Kilometer zwei Radfähren gibt.

Ihre Route am Südufer

Am rechten Ufer muß zum Teil noch die Straße benützt werden, es gibt auch einige Steigungen. Diese Route sollte daher eher von geübten Radlern gewählt werden sowie von allen, die im Trappistenkloster Engelszell Station machen wollen.
Zum rechten Ufer geht es vom Passauer Bahnhof rechts durch die Bahnhofstraße, dann über eine ampelgeregelte Kreuzung (Achtung: zum Geradeausfahren einreihen!) und durch die Nikolastraße bis zum Inn.
Sollten Sie ein noch ungeübter Radfahrer sein – die Übung kommt im Laufe der Tour –, oder sollten Sie Kinder in Ihrer Gruppe haben, sollten Sie die ersten 400 bis 500 Meter schieben. Bis zum Ende der Nikolastraße herrscht ziemlich viel Verkehr.
Am Ende der Nikolastraße folgen Sie nicht links dem Verkehrsfluß, sondern fahren rechts in Richtung Krankenhaus. Das ist die Innstraße.
Nach 200 Metern geht es links über den Innsteg. Der ist zwar nur für Fußgänger gedacht, aber Sie werden sehen, Sie sind nicht der einzige Radler, der diese Brücke benützt. (Von hier haben Sie übrigens einen herrlichen Blick auf die Altstadt von Passau.)
Nach dem Steg fahren Sie durch das Stadttor, halten sich dann aber rechts und radeln durch Jahnstraße und Römerstraße bis zum Kapuzinerplatz. Wenn Sie sich jetzt noch einmal halbrechts halten, sind Sie auch schon aus der Stadt und am besten Weg nach Wien.
Kurz nach der Grenze stoßen Sie bereits auf den neu gebauten Radweg. Unter der Burg Krämpelstein, durch Pyrawang und Kasten und vorbei am Kraftwerk Jochenstein nach Engelhartszell und weiter durch Wesenufer führt die Strecke zum Teil auf der Straße, in kleinen Stücken aber schon auf dem Radweg. Bei Schlögen schwenkt die Radroute endgültig von der Straße weg.
Die erste Etappe wäre geschafft.

Wissenswertes, Sehenswertes am Nordufer

Wenn Sie am Nordufer entlang radeln, geraten Sie bei Erlau erstmals auf historisch bemerkenswertem Boden. Hier endete 1367 der Versuch der Passauer, die bischöfliche Herrschaft abzuschütteln, in einer blutigen Schlacht.

Obernzell

Fremdenverkehrsverein ☎ 08591-1877

nach Kasten

Hier fällt das Schloß mit seinen beiden achteckigen Wehrtürmen ins Auge. Es ist für das linke und rechte Donauufer eine weithin sichtbare Landmarke. Es wurde 1426 von einem Passauer Bischof als Sommerrefugium gebaut.

Beim Kraftwerk Jochenstein und in
Niederranna

Radfahrerinformationsstelle Kramesau

Grenzlandweg nach Oberkappel

haben Sie Gelegenheit, über die Brücke auf die andere Seite der Donau zu fahren.

Radeln Sie am Nordufer weiter stromabwärts, kommen Sie am Schloß Marsbach vorbei. Das Schloß, das auf einer Anhöhe liegt, war der Sitz des letzten Raubritters an der Donau. Er wurde 1520 enthauptet.

Direkt an der Donau liegt der kleine Ansitz
Freizell.

Gemeindeamt Hofkirchen ☎ 07285-255

Auch dieses Schlößchen, heute ein schmuckes Wohnhaus, war einst Schauplatz einer blutigen Geschichte. 1659 wurde der damalige Besitzer Graf Tattenbach von einer Räuberbande überfallen und samt seiner Familie und seinen Bediensteten ermordet. Die Räuber wurden gefaßt und hingerichtet.

Wissenswertes, Sehenswertes am Südufer

1

Jenseits des Zollamtes Achleiten, das durch Österreichs Beitritt zur EU seine Funktion verloren hat, sticht kurz nach

Hinding

die sagenumwobene Burg Krämpelstein ins Auge. Auf einer senkrecht zur Donau abfallenden Klippe gelegen, ist sie ein einzigartiges Beispiel mittelalterlichen Burgenbaus. Der bis heute unveränderte Turm diente schon den Römern als Wachtposten.

Das Schneiderschlößl

In der Burg Krämpelstein soll einst ein Schneider zusammen mit seiner Ziege gehaust haben. Als das Tier starb, wollte es der Schneider vom Felsen in die Donau werfen, dabei verfing sich jedoch das Horn des Tieres im Wams des Schneiders, und er wurde mit in die Fluten gerissen. Seither heißt die Burg Krämpelstein im Volksmund „Schneiderschlößl".

Pyrawang

Gemeindeamt Esternberg ☎ 07714-6655

Kasten

Tourismusverband Viechtenstein ☎ 07714-8055

nach Obernzell

Vom Ortsteil Kasten nach Viechtenstein (starke Steigung)

Die mächtige Burg ist um 1100 entstanden und war seither immer bewohnt. Zur Herrschaft gehörten einst 30 Steuergemeinden, 7 Pfarreien und 109 Dörfer. Die Burg ist auch heute noch in Privatbesitz und daher nicht zu besichtigen.

Engelhartszell

Fremdenverkehrsverband ☎ 07717-8245 (Sparkasse)

In der Donaugemeinde Engelhartszell sollten Sie eine Pause einlegen, um das Stift Engelszell zu besichtigen. Das Kloster wurde vom Passauer Bischof Wernhart von Prambach, der häufig nach Wien und Linz reiste, gegründet. Es war zunächst auch nur als ruhiges Reisequartier gedacht.

Später wurde es als Sommerrefugium der Domherren ausgebaut. Die ersten Mönche waren Zisterzienser aus dem Mutterkloster Wilhering. 200 Jahren der Blüte folgte ein allmählicher Niedergang. So fallen 1570 der Abt, alle Mönche und alle im Kloster Bediensteten der Pest zum Opfer. Nach der Neubesiedlung 1572 wird das Stift mehrmals aufgehoben und verlassen. Zeitweise dem Verfall preisgegeben, zeitweise als Porzellanmanufaktur benützt, wird Engelszell schließlich 1925 von den Trappisten übernommen. Es ist heute das einzige Trappistenkloster in Österreich.

Zum Stift, dessen prachtvolle Rokokokirche der berühmte Barockmaler Bartolomeo Altomonte mit Fresken und Altarbildern ausgestattet hat, gehört neben eine Landwirtschaft und einem Pflegeheim auch eine Schnapserzeugung. Der Engelszeller Likör wird in ganz Oberösterreich als Mittel gegen allerlei Wehwechen geschätzt. Sehenswert ist in Engelhartszell auch das kaiserliche Mauthaus aus dem 15. Jahrhundert, mit Wandmalereien zur Geschichte des Ortes an der Grenze des ehemaligen österreichischen Kaiserreiches.

1

Forellenzirkus

Etwas abseits Ihrer Route und noch dazu oben auf dem Berg liegt die Ortschaft St. Aegidi. Dort gibt es etwas zu sehen, was Sie in ganz Österreich und wahrscheinlich in der ganzen Welt kein zweites Mal finden: In dem Bauernhof „Erletmühle“ springen zahme Forellen durch Reifen und zeigen noch andere Zirkuskunststücke.
Auskünfte über Zeiten der Vorstellungen und Verkehrsverbindungen gibt das Fremdenverkehrsamt Engelhartszell. Denn falls Sie kein Bergfahrer sind, können Sie auch mit dem Bus nach St. Aegidi fahren.

Weiter stromabwärts kommen Sie durch
Wesenufer
Tourismusverband Waldkirchen ☎ 07718-300
Sauwaldweg nach Schärding
In der Gemeinde gibt es eine hübsche Barockkirche. Hier ist auch eine gute Gelegenheit, zu rasten und zu baden.

In Schlögen,
Gemeindeamt Haibach ob der Donau ☎ 07279-8235
dem ersten Etappenziel am Beginn der berühmten Donauschlinge, hat man die Reste des Römerkastells Joviacum freigelegt.

Keiner schläft im Sarg

Die Trappisten leben streng nach dem Motto des hl. Benedikt: „Ora et labora“ (bete und arbeite). Ihr Tagwerk beginnt um 3.30 Uhr früh und endet um 19.30 Uhr. Um 4 Uhr früh, also noch vor Sonnenaufgang, und noch sechsmal am Tag versammeln sie sich zum gemeinsamen

Gebet, dazwischen gehen die Trappisten der Handarbeit oder dem Studium nach. Die Mönche ernähren sich vegetarisch. Im Kloster herrscht Schweigen. Gesprochen wird nur das Notwendigste, und das nur zu bestimmten Zeiten und an bestimmten Orten. Für die wichtigste Verständigung wurde eine eigene Zeichensprache entwickelt.
Daß die Trappistenmönche in ihren Särgen schlafen, ist ein ebenso hartnäckiges wie falsches Gerücht. Die Mönche schlafen in Wirklichkeit in einfachen Betten, auf einem gesteppten Strohsack, einer Decke und mit einem Polster, der mit gedroschenem Stroh gefüllt ist. Die Ausstattung der Zelle besteht aus einem Kruzifix, einem Weihwassergefäß, einem oder zwei frommen Bildern und einem Kleiderhaken. Ohne Erlaubnis darf nichts hinzugefügt werden.
Die Trappisten sind eine asketische Reformrichtung der Zisterzienser, ihre offizielle Bezeichnung ist daher auch „Zisterzienser der strengen Observanz“. Ihr Name geht auf das erste Reformkloster La Trappe in Frankreich zurück.

Wer war Altomonte?

Bartolomeo Altomonte war ein Barockmaler, der besonders in Österreich wirkte und vor allem Fresken und Altarbilder schuf. Er wurde am 24. Februar 1694 in Warschau geboren, wo sein Vater Martin Altomonte, ein Tiroler, als Hofmaler tätig war. Die Familie zog aber bald nach Wien, wo Bartolomeo seine erste Ausbildung als Maler erhielt. Später ging er nach Italien, kehrte aber wieder nach Österreich zurück, und begann in St. Florian seine künstlerische Karriere. Schnell zu Ruhm gekommen, arbeitete Bartolomeo Altomonte in den Klöstern Wilhering, Seitenstetten, Herzogenburg, Engelszell und Admont und schuf für zahlreiche Kirchen Fresken und Altarbilder.

Er starb am 11. November 1783 im Stift St. Florian.

2. Etappe

2

Schlögen – Aschach

27 km

*Natur pur! Auf keinem anderen Strecken-
abschnitt donauabwärts
werden Sie so direkt mit der Natur
konfrontiert wie auf dieser Etappe.*

*Sie erleben die Donau an ihrer reizvollsten
Stelle in ihrer ganzen natürlichen Pracht.
Vergessen Sie Autos und Verkehr und
Abgase.*

*Seite 27:
Schlögen: Donauschlinge/Aschach: Bürgerhäuser*

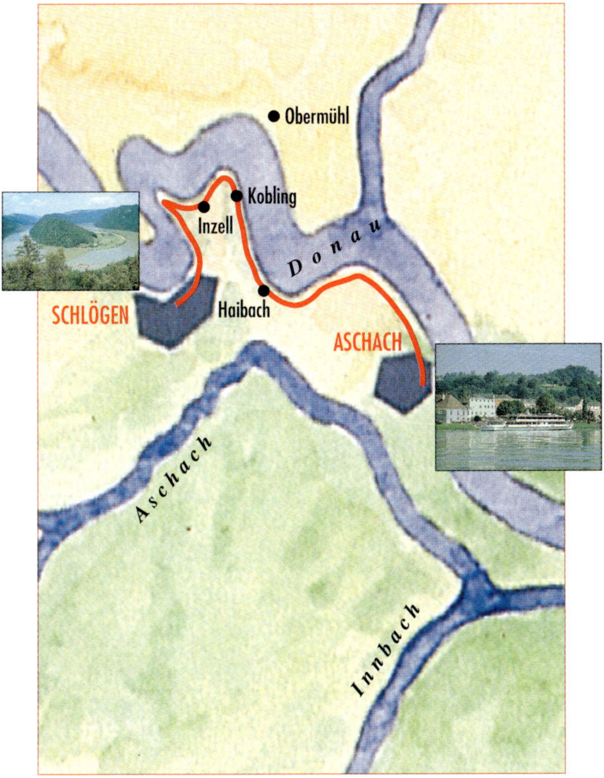

Zwischen Schlögen und Aschach gibt es nur den schmalen Pfad am Südufer der Donau, der Sie entlang der malerischen Donauschlinge in ein romantisches Schifferstädtchen führt.

Und wenn Sie unterwegs auch weder Nixen noch Nereiden begegnen, das versunkene Dorf ist hier nicht Sage, sondern Realität.

Ihre Route

Diesmal ist es leicht. Eingeschlossen zwischen steilen, waldreichen Hängen und der Donau, können Sie sich gar nicht verirren. Der Uferbegleitweg führt Sie durch die Donauschlinge in die kleine Ortschaft Inzell und weiter nach Kobling. Von hier führt eine Asphaltstraße hinauf nach Haibach und eine Fähre hinüber nach Obermühl.

Wenn Sie an der Donau bleiben wollen, benützen Sie weiter den Treppelweg. Er bringt Sie, wieder an einem Kraftwerk vorbei, direkt ins Ortszentrum von Aschach.

Die Route nach Haibach ob der Donau ist, von Schlögen oder von Kobling aus, mit einem etwa 4 km langen Anstieg verbunden. Falls Sie dort nächtigen wollen, können Sie auch von der Möglichkeit der Gratis-Abholung Gebrauch machen. Ein Telefon gibt es bei der Donaufähre.

Von oben haben Sie einen herrlichen Blick über die Donauschlinge und das Donautal. Und Sie können, wenn Sie wollen, die lange Abfahrt direkt hinunter nach Aschach genießen.

Besser als der Rhein

Wenn es um Kilometer, um Schiffbarkeit und um Wasserreichtum geht, kann es die Donau mit dem Rhein und allen anderen europäischen Flüssen locker aufnehmen. Nur die Wolga ist noch besser, noch größer, noch länger.

Die Donau ist 2870 Kilometer lang. Ihre Quelle liegt in Donaueschingen im Schwarzwald, sie mündet bei Sulina ins Schwarze Meer.

2414 Kilometer der Donau, nämlich die Strecke von Kehlheim bis Sulina, sind heute schiffbar. Damit ist die schiffbare Strekke der Donau dreimal so lang wie die des Rheins.

Die Donau ist, was die Kilometrierung betrifft, ein verkehrter Fluß – der einzige in Europa. Die Nullmarke befindet sich exakt auf der Mole in Sulina, von dort werden die Stromkilometer flußaufwärts gezählt. Sie müssen also, wenn Sie flußabwärts radeln, rückwärts zählen.

Der österreichische Teil der Donau beginnt unterhalb von Hainburg bei Kilometer 1872,7 und endet bei Achleiten mit Kilometer 2222. Passau liegt am Stromkilometer 2226, Aschach-Brücke bei 2160, Linz bei 2135, Grein bei 2079, Melk bei 2035, Spitz bei 2019, Krems bei genau 2000 und Wien-Reichsbrücke bei 1929.

Für die Schiffahrt – und natürlich auch für Sie – werden die Stromkilometer auf großen Tafeln angezeigt. Die zwei kleinen Tafeln bedeuten die Tausender- und Hunderterstellen, die zwei großen die Zehner- und Einerstellen. In der Uferbefestigung finden sich auch noch die 100-Meter-Markierungen. Damit können Sie ständig überprüfen, wo Sie sich befinden und wie schnell Sie unterwegs sind.

Die Donauschlinge

Der landschaftlich schönste und geologisch interessanteste Teil der Donau ist das Engtal zwischen Schlögen und Aschach. Hier durchbricht die Donau das aus Granit bestehende Urgebirge und trennt damit den bis zu 900 Meter hoch ansteigenden Sauwald im Süden vom nördlichen Böhmerwaldmassiv.

Bei der Schlögener Schlinge ändert der Strom für eine kurze Strecke seine Laufrichtung um 180 Grad. Die „Donauleitn", die hier bis zu 300 Meter hoch ansteigt, ist eine in Österreich einmalige Klimazone. Die geschützte Lage und die geringe Seehöhe lassen hier die Traubeneiche gedeihen, die in Europa sonst nur in den wärmsten Klimalagen zu finden ist.

Wissenswertes, Sehenswertes

2

Auf dieser malerischen Etappe kommen Sie zunächst durch

Inzell.

Hier gib es ein kleines denkmalgeschütztes Kirchlein. Ein paar Stromkilometer weiter flußabwärts liegt

Kobling

nach Obermühl zur

Mühltalweg nach Peilstein

Von der Anlegestelle der Fähre führt die Straße steil hinauf in die Fremdenverkehrsgemeinde

Haibach ob der Donau

Gemeindeamt ☎ 07279-8235

Auf der anderen Donauseite liegt Obermühl, das eigentlich Neu-Obermühl heißen müßte. Als nämlich das Kraftwerk Aschach gebaut wurde, mußte die ganze Ortschaft geschleift und neu aufgebaut werden. Nur der alte Kornspeicher des versunkenen Dorfes ist noch erhalten. Seine beiden unteren Stockwerke wurden von den Kraftwerksbauern einfach eingegraben.

Aschach

Gemeindeamt ☎ 07273-6355

Aschachtalweg nach Waizenkirchen

Die Lage am Strom prägt das Bild dieses uralten Schiffermarktes. Die zahlreichen romantischen Gasthöfe direkt am Treppelweg und die hübschen Kaufherrenhäuser sind mit ihrer Schokoladenseite der Donau zugewandt. Die kräftigen Farben der stuckverzierten Häuser entsprechen der Originalbemalung in der Barockzeit.

Tod und Teufel

Die Sage vom Dr. Faust und seinem Schlößl bei Aschach beginnt ganz modern mit dem sogenannten Kleingedruckten eines Vertrages, das der studierte Herr einfach nicht gelesen hat-

te. Dabei war sein Vertragspartner kein gewöhnlicher Zeitschriftenkeiler, sondern der Teufel in Person. Der Inhalt des Vertrages entspricht gleichfalls modernen Formen: Es wird viel versprochen, und ein Rücktritt ist nicht möglich!
Dr. Faust, so heißt es in der Sage, hat den Vertrag mit dem Teufel geschlossen, weil er des Studierens müde war und auf schnellem Weg Karriere machen wollte. Er wollte das Dr. vor seinem Namen ohne Studienabschluß, und er wollte anerkannt werden, ohne etwas dafür zu leisten.
Der anerkannte und reiche Dr. Faust begann also zu reisen und kam schließlich auch nach Aschach an der Donau. Da sah er den jenseits des Flusses aufragenden Felsen des Landhaagberges und äußerte spontan den – verständlichen – Wunsch: „Dort möchte ich mich für eine Weile niederlassen."
Am nächsten Morgen stand drüben auf dem Felsen ein schmuckes, weißes Schloß. Dr. Faust, an derlei Überraschungen bereits gewöhnt, zog hurtig ein.
Schon ein paar Wochen später äußerte er einen neuen Wunsch. Er wollte nicht mehr länger per Boot die Donau übersetzen, sondern mit Pferd und Wagen. Also mußte eine Brücke her. Und wieder geschah's über Nacht. Das war, es sei gleich angemerkt, nicht die heutige Kraftwerksbrücke. Die wurde viel später und von Technikern gebaut. Nein, es war eine ganz gewöhnliche Brücke, die Dr. Faust später auch wieder abbrechen ließ, weil er meinte, die Bürger von Aschach wüßten sie nicht genügend zu würdigen.
Der Herr Doktor trieb noch manch andere Spielchen mit den arglosen Bürgern des Donaumarktes, aber die einfachen Leute waren seiner Überraschungen bald überdrüssig und gingen wieder ihrem Tagwerk nach. Verärgert über das undankbare Pack, zog sich Dr. Faust auf sein Schlößl zurück und knurrte mißmutig: „Jetzt reicht's, ich habe genug von allem."
Kaum geknurrt, stand sein Vertragspartner vor ihm und meinte, das sei das Stichwort gewesen, der Vertrag sei erfüllt. Er packte seinen Partner und flog mit ihm über die Donau davon. Das Faustschlößl verfiel zur Ruine. Aber heute noch ist das Loch zu sehen, durch das der Teufel mit dem Doktor Faust ausgefahren ist.

3. Etappe

3

Aschach – Linz

35 km

Eine neue Etappe, eine neue Szenerie: Die Berge, die gerade noch die Donau eingeschnürt haben, treten nun zurück, das fruchtbare Eferdinger Becken gibt den Blick in die Weite frei.

Die Üppigkeit der bäuerlichen Kulturlandschaft findet ihren künstlerischen Widerpart im überladenen Rokokoschmuck des Stiftes Wilhering. Kaum zu glauben, daß am Anfang dieser Pracht ein Scheiterhaufen steht und diese Herrlichkeit unmittelbar mit dem grausamen Schicksal einer Jungfrau und ihres Liebsten verbunden ist.

Seite 35:
Aschach: Bürgerhäuser/Linz: Wallfahrtskirche Pöstlingberg

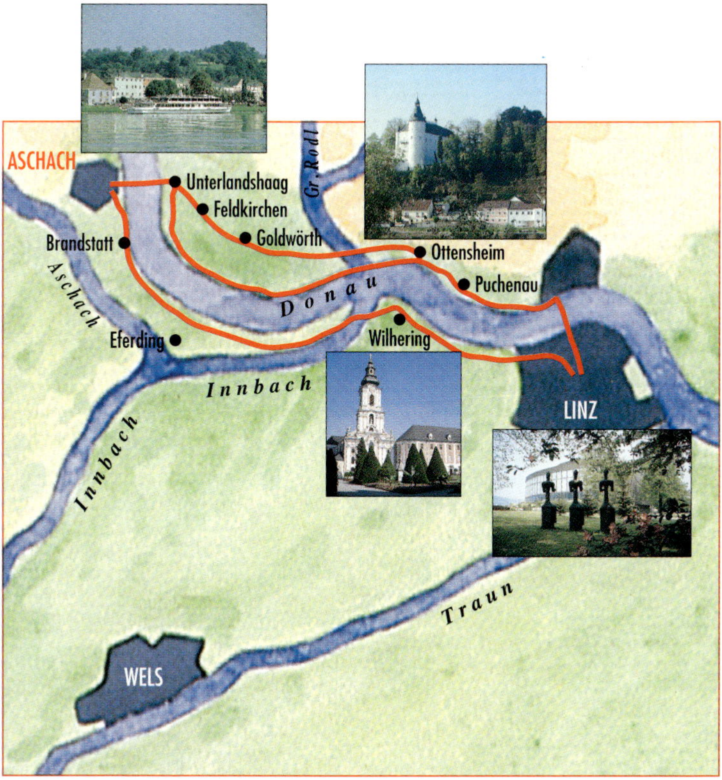

Der Übergang zur Stadt vollzieht sich allmählich. Noch einmal rücken die Berge so knapp an die Donau vor, daß sich einst Bahn und Straße die schmale Trasse teilen mußten. Die Linzer Pforte, wie die Enge heißt, hindert die Stadt in ihrem Expansionsdrang. Aber sie ist zu spüren: Der Verkehr nimmt zu, aus dem Weg für Radfahrer wird ein ampelgeregelter Radweg.

Ihre Route am Nordufer

Wenn Sie in Aschach die Donau überqueren und durch Unterlandshaag donauabwärts radeln, stehen Sie bald vor einem Scheideweg. Die Wege, die sich dort gabeln, sind beide als Donauradweg markiert. Der eine, der rechte, hält sich knapp an der Donau und führt an einem Badesee (!) vorbei zum Kraftwerk Ottensheim. Allerdings müssen Sie dazu rund 100 Meter nach dem ersten Hof außerhalb von Unterlandshaag rechts einen nicht asphaltierten Weg benützen, der Sie direkt an die Donau bringt.
Der andere, der linke, führt ins Landesinnere durch Feldkirchen, und Goldwörth. Der Nachteil dieser Route: Sie ist etwas länger, und Sie müssen sich den Weg mit Autos und Traktoren teilen. Der Vorteil: Sie ist landschaftlich einfach toll!
Knapp hinter Ottensheim kommen die Wege wieder zusammen. (Um zum Stift Wilhering zu kommen, müßten Sie hier die Fähre benützen.)
Von Ottensheim geht es auf einem Radweg entlang der B 3 bis ins Zentrum der oberösterreichischen Landeshauptstadt. Bei der Nibelungenbrücke in Linz ist das Etappenziel erreicht.

Ihre Route am Südufer

An landschaftlichem Reiz steht die Südroute der Nordroute in nichts nach. Wenn Sie aber Stift Wilhering besichtigen wollen – und das sollten Sie –, dann ist die Südroute die günstigere. Sie führt von Aschach unter der Brücke durch immer an der Straße entlang bis Brandstatt. Dort, bei den beiden Gasthöfen, beginnt wieder der Treppelweg, den Sie verkehrsfrei bis Wilhering benützen können.

3

Stift Wilhering

Am Ortsbeginn müssen Sie noch einmal aufpassen: Auf der Straße geradeaus kommen Sie zum berühmten Stift, der Radweg zur Fähre zweigt aber gleich nach einer Brücke im spitzen Winkel links ab. Doch es spielt keine Rolle, wenn Sie die Abzweigung verpassen. Fahren Sie einfach weiter, bis ein Wegweiser Sie zur Fähre leitet.
Zu dieser Überfuhr müssen Sie auch nach der Stiftsbesichtigung zurück, denn der Radweg führt am linken Donauufer weiter. Am rechten kämen Sie zwar auch nach Linz, doch die Straße ist sehr stark befahren, die Route daher auch geübten Radlern nicht zu empfehlen.

Wissenswertes, Sehenswertes am Nordufer

Feldkirchen

Gemeindeamt ☎ 07233-7255

Wenn Sie auf der Nordroute die Variante über Feldkirchen gewählt haben, sollten Sie auch noch einen kurzen Abstecher nach

Pesenbach

einplanen. Die Kirche dort ist einen kurzen Besuch wert. In der gotischen Basilika gibt es nämlich einen ebensolchen Flügelaltar und eine Reihe anderer Kunstwerke aus dieser Zeit.

Ottensheim

Gemeindeamt ☎ 07234-2255

nach Wilhering

Das Schloß Ottensheim, eine der frühen Grenzbefestigungen der Grenzmark Ostarrichi, besitzt zwar ein hübsches Theater und andere

Ottensheim: Schloß und Häuserzeile am Donauufer

interessante Räume, doch ist es in Privatbesitz und kann daher nicht besichtigt werden. Wie alten Urkunden zu entnehmen ist, gehörten zu dem Schloß einst zahlreiche Weingärten.

Im Ort sollten Sie dem Marktplatz mit seinen stolzen Bürgerhäusern, der Mariensäule gegenüber dem Rathaus und der gotischen Kirche Ihre Aufmerksamkeit schenken.

Puchenau

Gemeindeamt ☎ 0732-221055

Kurz nach der Ortschaft beginnt sich das Donautal zur Linzer Pforte zu verengen. Ingenieurkunst und Sprengstoff haben aber genügend Raum für Bahn, Straße und sogar für einen eigenen Radweg geschaffen. Er führt an der Donau entlang bis ins Zentrum von

Urfahr

Vier-Berge-Weg ins Mühlviertel

Bei der Nibelungenbrücke, die Urfahr mit Linz verbindet, müssen Sie sich entscheiden: Wollen Sie sich in Linz umschauen (es gibt einiges zu sehen), dann müssen Sie auf und über die Brücke. Unten durch geht es weiter donauabwärts.
Linz selbst ist recht gut durch Radwege erschlossen. In der Fremdenverkehrszentrale am Rathausplatz gibt es einen eigenen Faltplan mit den Linzer Radwegen.

Gebirgsfluß Donau

Die Donau ist ein Gebirgsfluß. Auf den 350 Kilometern zwischen Passau und Preßburg beträgt der Höhenunterschied 150 Meter.
Die ersten Versuche, die gewaltige Energie dieses Flusses zu nützen, waren sehr bescheiden: Schiffsmühlen wurden im Strom verankert, die Strömung betrieb die Wasserräder und Mühlsteine.
Seit Ende der fünfziger Jahre wird die Energie der Donau zur Stromerzeugung genützt. Damals ging das Kraftwerk Ybbs-Persenbeug in Betrieb. Mittlerweile gibt es acht Kraftwerke an der Donau, des neunte, Wien-Freudenau, liefert ab dem Jahr 1997 Strom.

Die Kraftwerke an der Donau sind mehr oder weniger nach dem gleichen Schema gebaut. Sie bestehen aus einem Krafthaus, einer Wehranlage und aus der Schleusenanlage. Im Krafthaus befinden sich die Turbinen, die Generatoren und die Transformatoren.

Die Turbinen, die der Österreicher Viktor Kaplan erfunden hat, arbeiten alle nach dem gleichen Grundprinzip, egal ob ihre Welle vertikal oder horizontal angeordnet ist: Das aufge-

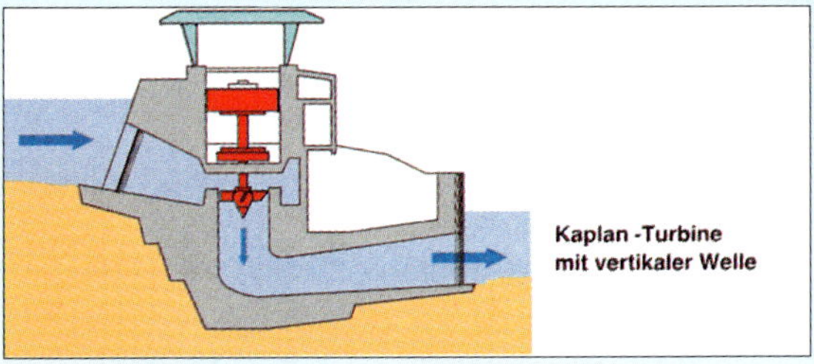

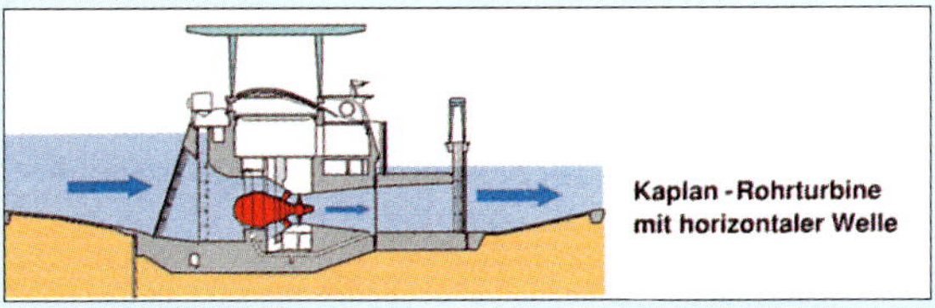

staute Wasser strömt durch einen Leitapparat auf das Laufrad der Turbine und setzt es in eine Drehbewegung, die über eine Welle an den Generator weitergegeben wird. Ähnlich wie ein Fahrraddynamo erzeugt der Generator durch die Rotation Strom.

Die Schleusenkammern in der Wehranlage sind so dimensioniert, daß sie einen ganzen Schiffsverband, bestehend aus einem Motorschiff und vier paarweise aneinandergekoppelten Lastkähnen, aufnehmen können.

Die acht österreichischen Karftwerke (Aschach, Ottensheim, Abwinden, Wallsee, Ybbs, Melk, Altenwörth, Greifenstein) erzeugen rund 11 Milliarden Kilowattstunden, das sind 25 Prozent der gesamten österreichischen Stromproduktion. Um die gleiche Energiemenge in kalorischen Kraftwerken zu erzeugen, wären rund 2,8 Millionen Tonnen Heizöl schwer notwendig.

Wissenswertes, Sehenswertes am Südufer

Bei Brandstatt Eferdinger-Landl-Weg R 10 nach Eferding

Wilhering

Gemeindeamt ☎ 07226-2255

nach Ottensheim

Fischlehrpfad an der Donau

Das Stift Wilhering besitzt wohl die schönste Rokokokirche in Österreich. Sie ist fast schon überladen mit vielfältigem, farbenreichem Schmuck; plastische und malerische Ornamente, Stuckdekor und figurale Darstellungen erdrücken den Beschauer mit ihrer Üppigkeit.

Rokoko pur

Hier waren gleich drei Mitglieder der Künstlerfamilie Altomonte tätig. Vater Martin schuf die Altarbilder, sein Sohn Andreas, ein Theaterarchitekt, zeichnet für die Gestaltung des Kirchenraumes verantwortlich, und von seinem Bruder Bartolomeo, dem Sie schon im Stift Engelszell begegnet sind, stammen die barocken Deckenfresken.
Der barocke Neubau der Zisterzienserabtei und der Kirche erfolgte nach einem Brand 1733, den ein zwölfjähriges Mädchen gelegt hatte. Die Gründung des Stiftes geht auf das Jahr 1146 zurück, um 1195 begann man mit dem eigentlichen Klosterbau, das Portal der ursprünglich romanischen Basilika ist bis heute erhalten.
Neben der Kirche sollten Sie auch dem barocken Stiftsgarten von Wilhering Beachtung schenken. Er wurde um 1830 angelegt und enthält einige der seltensten Bäume und Pflanzen.

Am Scheiterhaufen

Für die zwölfjährige Elisabeth Prindlin, die im Jahre 1733 den Brand im Stift Wilhering gelegt hat, haben sich die Richter eine fürchterliche Strafe ausgedacht. Das Mädchen war von dem arbeitslosen Roßknecht Jacob Eder aus Hartkirchen angestiftet worden. Der Bursche und das Mädchen wurden deshalb zum Tod auf dem Scheiterhaufen verurteilt. Das Mädchen wurde zwar begnadigt, doch man hatte ausdrücklich verfügt, „daß auch sie zur Richtstatt geführt werde, wo zwei Scheiterhaufen zu errichten seien“. Dort vollstreckten die Henker zunächst das Urteil an Eder, dann erst wurde dem Mädchen die Begnadigung mitgeteilt.

Linz

Fremdenverkehrszentrale: Hauptplatz 34 ☎ 0732-2393-1777
Fremdenverkehrsverband Oberösterreich ☎ 0732-7712-64

Linz ist als Industriestadt bekannt, fast möchte man sagen verschrien. Doch die Stadt an der Donau hat mehr zu bieten als die rauchenden Schlote der „Vereinigten Österreichischen Eisen- und Stahlwerke“. Da gibt es auch noch die hübsche Altstadt mit ebenso sehenswerten wie geschichtsträchtigen Häusern; Museen und Gedenkräume, die an Kaiser, Komponisten und andere Künstler erinnern; Einkaufsstraßen, Boutiquen, Floh- und andere Märkte; stimmungsvolle Beiseln, ein „Szene“, die alljährliche Linzer Klangwolke; die Linzer Torte, die Linzer Tramway und – nicht zu vergessen – die sprichwörtlich feschen Linzer Madeln ...
Schon wenn Sie die Brücke von Urfahr nach Linz überschreiten, die Nibelungenbrücke, werden Erinnerungen an die Nachkriegszeit wach: Von 1945 bis 1955 verlief hier die Grenze zwischen der russischen und der amerikanischen Zone. Um vom linken, russischen zum rechten, amerikanischen Ufer zu gelangen, benötigte man einen Identitätsausweis als Grenzdokument. Die Donau trennte hier zwei Weltmächte.

Diese Donaugrenze war den Linzern nichts Neues. Zu Napoleons Zeiten wurde Linz mehrmals von den Franzosen besetzt. Auch damals bildete die Donaubrücke die Grenze zwischen dem französischen und dem österreichischen Gebiet.
Wenn Sie dann drüben stehen, auf dem Hauptplatz, befinden Sie sich auch schon mitten im Herzen des alten Linz. 219 Meter lang und 60 Meter breit, zeigt der Platz die Bedeutung auf, die der Handel für Linz einst hatte. Durch sechs Jahrhunderte strömten hier Kaufleute aus ganz Europa zusammen, einem Jahrmarkt in Linz kam der Rang einer internationalen Handelsmesse zu.
Daß Linz nicht den baulichen und kulturhistorischen Prunk ähnlich bedeutender Handelsstädte vorweisen kann, ist darauf zurückzuführen, daß die Stadt an der Donau lange Zeit weder Bischofs- noch Regierungssitz war. Eine Diözese Linz gibt es erst seit 1785, und zur Residenzstadt wurde Linz nur für kurze Zeit, als sich Kaiser Friedrich III. auf der Flucht vor dem Ungarnkönig Matthias Corvinus 1485 hierher zurückzog.
Der Kaiser starb jedoch 1493, und wenn er auch sein Herz hier zurückgelassen hat – es liegt in einer Urne in der Stadtpfarrkirche bestattet –, so war es mit der Vorrangstellung der Stadt nach seinem Tod doch wieder vorbei.
Aber noch ein anderes denkwürdiges Ereignis fand in Linz statt: Am 12. März 1938 verkündete Adolf Hitler vom Balkon des Rathauses aus die Errichtung des Großdeutschen, des „Tausendjährigen“ Reiches.
In den Stadtvierteln rund um den Rathausplatz finden sich weitere Sehenswürdigkeiten. So das 1564 bis 1571 im Auftrag der oberösterreichischen Landstände errichtete Landhaus, das seither mehrmals verändert wurde. Glanzstück des Landhauses ist der Arkadenhof, dessen Pfeiler im Erdgeschoß und Säulen im zweiten Stock aus Granit, die des ersten Stocks aus rotem Sandstein bestehen.
In diesem Stadtviertel, der sogenannten Altstadt, befindet sich auch die Martinskirche, das älteste mittelalterliche Bauwerk Österreichs. Daß hier vorher schon ein

Landhaus: Planetenbrunnen

LINZ a. d. Donau
0 600 1200m
© Copyright by schubert & franzke, St. Pölten 1995

römischer Bau stand, ist an den zahlreichen Römersteinen zu erkennen, die beim Kirchenbau verwendet wurden.
Oben auf dem Römerberg, an dessen Fuß die Martinskirche liegt, thront das Schloß Linz, ein gewaltiger, vierkantiger Bau mit wechselhafter Geschichte. Residenz unter Friedrich III., war das Schloß in der Folge auch noch Schauplatz wichtiger politischer Treffen, doch nach dem Brand im Jahre 1800 wurde es erst in eine Strafanstalt und später in eine Kaserne umgewandelt. Heute beherbergt das Schloß ein Museum, in dem die volkskundlichen Bestände des Landesmuseums gezeigt werden.
Auf der anderen Seite des Hauptplatzes liegt der Alte Dom, die ehemalige Jesuitenkirche, in der Anton Bruckner zwölf Jahre lang als Organist tätig war und in der er sein erstes großes Werk, die d-Moll-Messe, aufgeführt hat. Die herrliche Orgel, auf der Bruckner spielte, stammt aus dem Stift Engelszell. Sie wurde nach Linz gebracht, als das Stift unter dem Reformkaiser Joseph II. aufgehoben wurde. Aus einem anderen Kloster, nämlich aus Garsten, stammt das Chorgestühl, das der Benediktiner Michael Obermüller 1633 schuf und mit nicht weniger als 198 originellen Figuren schmückte.
Der Neue Dom in der Herrengasse mutet zwar gotisch an, wurde aber erst 1862 begonnen und 1924 fertiggestellt. Sein Turm ist 136 Meter hoch, nur um einen Meter niedriger als der des Stephansdomes in Wien. In der Gruft des Domes befindet sich eine 12 Meter lange orientalische Krippe, die größte der Welt. Ein Münchner Bildhauer hat sie geschaffen.

Klangwolke

Die Linzer Klangwolke ist Teil des Internationalen Brucknerfestivals, das jährlich ab dem zweiten September-Wochenende stattfindet. Bis zu 150.000 Besucher versammeln sich dabei an den Ufern der Donau, um ein Musikspektakel unter freiem Himmel zu erleben,

bei dem optische und akustische Signale ineinander verschmelzen.
Zugleich mit dem Brucknerfest findet auch die „Ars Electronica“ statt, ein Festival für Kunst und Technologie.

Hirn- und Geldbesitzer

Neben Bruckner, der in Linz besondere Verehrung genießt und dem man die moderne Konzerthalle an der Donau sowie ein jährliches Festival gewidmet hat, waren auch Mozart und Beethoven Linz sehr verbunden. Mozart widmete der Stadt eine Symphonie, Ludwig van Beethoven war hier öfter bei seinem Bruder, dem Apotheker Johann van Beethoven, zu Gast. Über das Verhältnis der beiden zueinander gibt ein Briefwechsel Auskunft, in dem es um das Für und Wider einer Ehe ging, die Johann mit seiner Haushälterin eingehen wollte. Ludwig versuchte ihm diese Ehe auszureden, meinte, sein Bruder müsse den Verstand verloren haben, und unterschrieb zur Bekräftigung dieser Behauptung seinen Brief mit „Ludwig, Hirnbesitzer“. Sein Bruder, den er oft um Geld angeschnorrt hatte, antwortete prompt und mit der Unterschrift „Johann, Geldbesitzer“.

Daß Linz heute als Industriestadt gilt, ist vornehmlich auf die beiden Großbetriebe Chemie-Linz und VÖEST-Alpine zurückzuführen. Von der Größe dieses Stahlwerks können Sie sich auf Ihrer Fahrt in Richtung Mauthausen überzeugen. Es ist mit 6,5 Quadratkilometern die größte Industrieanlage Österreichs.

Hitlers Traum von Linz

Daß Adolf Hitler ausgerechnet in Linz die Errichtung des „Tausendjährigen“ Reiches proklamierte, kommt nicht von

ungefähr. Linz war seine Lieblingsstadt, die Stadt seiner Jugend, in Linz wollte er nach eigenen Angaben seinen Lebensabend verbringen. Linz sollte daher völlig umgekrempelt und zur schönsten Stadt an der Donau ausgebaut werden.
Da sich der „größte Feldherr aller Zeiten" auch als großer Architekt fühlte, machte er die Pläne für den Umbau zu seiner persönlichen Angelegenheit. Was ihm dabei vorschwebte, war eine Mischung aus Wien und Budapest, nur größer und schöner. Dazu gehörte ein Donaupanorama, das jenes der ungarischen Hauptstadt an Schönheit und Prunk übertreffen sollte, ein Turm, höher als der von St. Stephan in Wien, und eine Prachtstraße, die nach Hitlers Wunsch „unbedingt breiter als die Wiener Ringstraße" sein sollte. Und der Stadtpark sollte den Gärten von Sanssouci ähnlich sein und, so wie der Park von Schönbrunn, mit einer „Gloriette" abgeschlossen werden. Da Linz „die Stadt der Kunst" werden sollte, wollte der Führer seine 800 Meter lange Prachtstraße „zu den Lauben" nennen und mit Museen, Bildergalerien und Waffensammlungen schmücken. Geplant waren weiters ein Opernhaus für 2000 Besucher, ein Operettenhaus, ein Kino, ein Künstlerhaus mit Freiluftausstellungsgelände, eine Konzerthalle und ein Schauspielhaus.
Am nördlichen, linken Donauufer dachte der große Städtebauer ein Hochhaus für die Behörden der Stadt sowie Gebäude für den Gauleiter und den Statthalter zu errichten. Eine Halle der Volksgemeinschaft sollte 35.000 Personen fassen, ein Aufmarschplatz gar 100.000. Für seinen hohen „Turm an der Donau" skribbelte der Führer persönlich einige Entwürfe. Der Turm sollte Hitlers Eltern sowie verdienten Parteigenossen als letzte Ruhestätte dienen. Als Alterssitz dachte sich der städtebauende Feldherr ein Gebäude „in der strengen kubischen Form eines oberösterreichischen Bauernhauses", also einen Vierkanthof aus.
Daß von all diesen hochfliegenden Plänen letztlich nur zwei Kolossalstatuen an der Nibelungenbrücke ausgeführt wurden, hat zwei Gründe. Der eine ist zutiefst menschlich: Zu viele Architekten stritten zu lange herum, welches Projekt wohl den Vorstellungen des Führers am nächsten kommen würde. Der

andere ist so banal, daß ihn der große Städteplaner gar nicht zu denken wagte: Es fehlte am Geld. Auch daß sich der Führer noch 1942 verpflichtete, das Künstlerhaus in der Nähe der Oper selbst zu stiften, änderte nichts. Im Gegenteil: Obwohl das „Tausendjährige Reich" erst ins vierte Jahr ging, war es kaum noch möglich, Rohstoffe und Baumaterial zu bekommen …

Märkte

Er wird schon seit 170 Jahren abgehalten und ist daher einer der ältesten Jahrmärkte in Österreich: der Urfahranermarkt. Er findet zweimal im Jahr – einmal im Frühjahr, einmal im Herbst – statt und lockt jedesmal an die 600.000 Besucher an.

Ein Spektakel ganz anderer Art ist der Flohmarkt. Von März bis November können Sie jeden Samstag zwischen 7 und 14 Uhr auf dem Linzer Hauptplatz alles das kaufen, was Sie schon lange gesucht, aber nie gefunden haben.

Schöne Aussichten

Der im Norden der Stadt gelegene, 573 Meter hohe Pöstlingberg, der sich 300 Meter über die Stadt erhebt, ist der schönste Aussichtspunkt der oberösterreichischen Landeshauptstadt. Natürlich können Sie den Pöstlingberg zu Fuß oder mit dem Rad bezwingen, bequemer geht es mit der Bahn. Ursprünglich sollte der Pöstlingberg durch eine Zahnradbahn erschlossen werden, doch ließ man die Pläne bald wieder fallen. Da jedoch schon Vorarbeiten geleistet worden waren, behielt man die Trasse im wesentlichen bei, so daß die Pöstlingbergbahn heute mit 10,5 Prozent Steigung die steilste Adhäsionsbahn Europas ist.

Waggon der Pöstlingbergbahn

Eine weitere Eisenbahn-Besonderheit ist die Schmalspurbahn Linz–St. Florian. Diese Überland-Straßenbahn mußte zwar 1974 den regulären Betrieb einstellen, doch wird sie in Abschnitten heute noch als Museumsbahn betrieben.

Der „Drachenexpreß“

Der Pöstlingberg ist nicht nur Wallfahrtsort und Hausberg der Linzer: In sechs der ehemaligen Befestigungstürme, die zu einer Wehranlage zusammengefaßt wurden, gibt es eine Grottenbahn, die große und kleine Kinder durch eine bunt beleuchtete Szenerie von Märchenbildern führt. Der „Drachenexpreß“ verkehrt vom Samstag vor dem Palmsonntag bis 2. November täglich von 9 bis 16.45 Uhr, im Sommer bis 17.45 Uhr.

Gleichfalls auf dem Pöstlingberg, auf halbem Weg hinunter in die Stadt, befindet sich der Linzer Zoo. Er ist täglich, außer Montag, von 10 bis 18 Uhr, vom 1. Oktober bis 31. März von 10 bis 16 Uhr geöffnet.

Linz und die Bahn

Die Pöstlingbergbahn wurde 1898 eröffnet, zehn Monate nach der Umrüstung der bereits seit 1880 bestehenden Straßenbahn Linz–Urfahr auf Elektrobetrieb. Bis dahin war die Straßenbahn als Pferdebahn betrieben worden. (Im Scherz wird heute noch von „Linz an der Tramway" gesprochen.)

Auf dem Gebiet des Verkehrswesens hatte sich Linz aber schon lange vor dieser Zeit europaweit einen Namen gemacht: Von hier nahm die erste Pferdeeisenbahn des Kontinents ihren Ausgang. Ursprünglich war Mauthausen als eine der Endstationen geplant, weil dort das Salz, das über die Enns an die Donau kam, direkt nach Budweis umgeladen werden sollte. Weil die Trasse auf böh-

mischem Gebiet aber mehr kostete, als man veranschlagt hatte, wurde die billigere Variante über Linz gewählt. 1832 eröffnet, verband die Pferdeeisenbahn zunächst Linz mit Budweis, später wurde sie bis Gmunden verlängert. Erst mit der Einführung der Dampftraktion in Linz 1858 verlor die Pferdeeisenbahn ihre Bedeutung. Sie war für den Dampfbetrieb zu steil angelegt worden. 1872 wurde sie eingestellt. Ihre Trasse und einige Viadukte kann man aber noch heute in der Landschaft finden.

- Welser-Heide-Weg und Traunuferweg nach Wels
- Kulturradweg nach St. Florian

  Monumentales barockes Stift, mit Prunkräumen und vielen Kunstschätzen. Grabstätte Anton Bruckners.

  Ganz in der Nähe: das Jagdmuseum im Schloß Hohenbrunn

4. Etappe

4

Linz – Mauthausen

24 km

Auf keiner anderen Etappe zeigt sich die Donau in ihrer ganzen Vielfalt wie hier zwischen Linz und Mauthausen.

Das Südufer im Bereich des Linzer Hafens paßt so recht zu der Vorstellung einer großen europäischen Wasserstraße, einer Versorgungsader für Stadt und Industrie.

Seite 53:
Linz: Neuer Dom/Mauthausen: Panorama

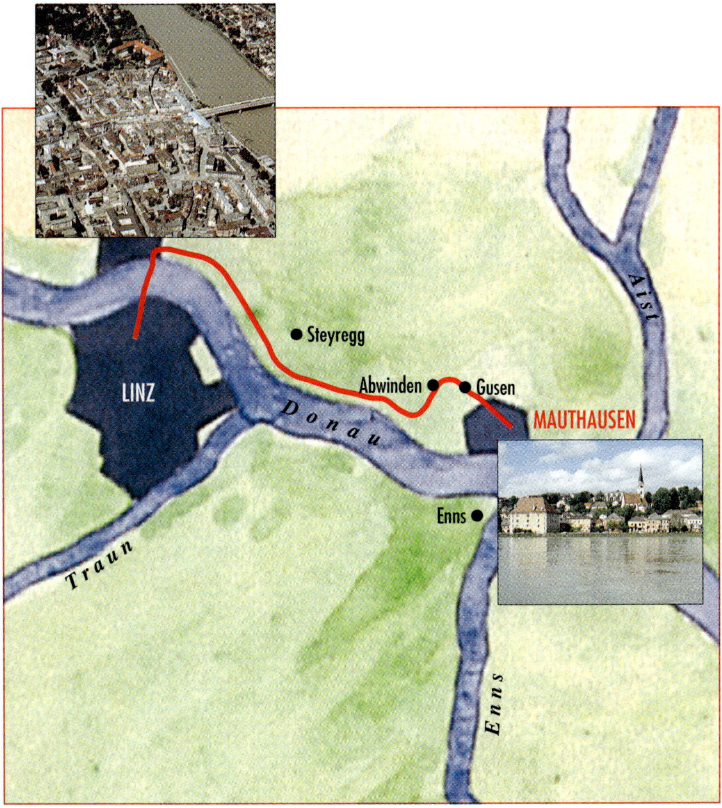

Am Nordufer, das Sie benützen, finden Sie eine ganz andere Donau. Hier bietet der Strom vielfältige Erholungsmöglichkeiten. Halb Linz tummelt sich an einem schönen Sommertag im Bereich des Pleschinger Sees.

Aber der Strom der erholungssuchenden Städter verebbt sehr schnell, die Natur gewinnt wieder die Oberhand, und das Handelsstädtchen Mauthausen ist von der Hektik der großen Stadt nicht Kilometer, sondern unendlich weit entfernt.

Blick auf Linz mit der Nibelungenbrücke

Ihre Route

Von der Linzer Nibelungenbrücke geht es immer am Nordufer entlang, zunächst direkt an der Donau und dann auf dem Hochwasserdamm bis zum Pleschinger See. Das ist eine weitläufige Badeanlage, in der es – für den Fall, daß Sie Ihre Badesachen vergessen haben – auch eine FKK-Abteilung gibt. Immer auf dem Uferdamm weiter, nähern Sie sich dem nächsten Donaukraftwerk – Abwinden.

Beim Hinweis auf die Umsetzanlage verlassen Sie den Damm landeinwärts. Jetzt geht es auf der Straße weiter, die aber kaum befahren ist. Durch eine Siedlung und zum Teil auf einem Radweg entlang der Straße durchqueren Sie nach St. Georgen auch noch Gusen und Langenstein. Von dort ist es nur noch ein „Hupfer" nach Mauthausen.

Einkehrmöglichkeiten haben Sie auf dieser Etappe zwischendurch beim Pleschinger Badesee in Linz, dann in Abwinden, St. Georgen, Gusen und Langenstein.

Wissenswertes, Sehenswertes

Auf dieser Etappe müssen Sie erstmals die Donau verlassen: Durch die Auen zwischen dem Kraftwerk Abwinden und Mauthausen führt keine durchgehende Straße und kein Treppelweg.
Das Kraftwerk Asten-Abwinden – es ist 1979 in Betrieb gegangen – werden Sie gar nicht zu Gesicht bekommen. Sie müssen schon vorher in die Au ausweichen.
Gibt es zu Beginn der Etappe am anderen Ufer viel Industrie zu sehen, mit rauchenden Schloten und riesigen Schlackenhalden, so wechselt die Szenerie spätestens in Abwinden auf ländliche Idylle.

Abwinden

und Badesee in Asten, jenseits der Kraftwerksbrücke (Überqueren mit dem Fahrrad erlaubt)

St. Georgen an der Gusen

Gemeindeamt ☎ 07237-2255

Gusentalweg nach Gallneukirchen

Gusen

Langenstein

Gemeindeamt ☎ 07237-2370

Mauthausen

Tourismusverband ☎ 07238-2149

Radlerinformationsstelle (Mai bis September) ☎ 07238-3860

in Richtung Enns

Das Mauthaus, auf das der Name der Stadt zurückzuführen ist, wurde hier, am Zusammenfluß der Enns mit der Donau, von den Bürgern der nahen Stadt Enns errichtet. Sie kassierten ihren Anteil an allen Waren, die auf der Enns an die Donau gebracht und hier umgeladen wurden. Hauptsächlich waren das Salz, Erz und Holz.
Später haben die Mauthausener ihr eigenes Geschäft entdeckt: Granit wurde hier gebrochen, zu Pflastersteinen verarbeitet und nach Wien verschickt. Ein Großteil der Wiener Straßen war mit Maut-

hausener Granit gepflastert, und auch heute noch gibt es hier Granitsteinbrüche und Steinsägebetriebe.
Während des Zweiten Weltkrieges waren die Steinbrüche von Mauthausen berüchtigt. Tausende Häftlinge des KZ Mauthausen waren dort zu Zwangsarbeit eingesetzt und haben dabei ihr Leben gelassen. Das Lager liegt etwas außerhalb der Stadt, kann aber jederzeit besichtigt werden.
Aber wenn Ihnen schon die Zeit für ein Besichtigung des Lagers zu knapp wird, zu einem kurzen Rundgang durch die Ortschaft sollten Sie sich doch entschließen.
Das Schloß Pragstein, das jetzt fast störend in die Straße ragt, stand bis zur Mitte des vorigen Jahrhunderts noch auf einer Felseninsel im Strom. Die spitz zulaufende Westseite des Schlosses sollte bei Hochwasser wie ein Schiffsbug wirken und die Wucht der Strömung lindern.

4

Mauthausen: Fassadenschmuck

Schloß Pragstein und das Schiffmeisterhaus sind sicher die wichtigsten Sehenswürdigkeiten von Mauthausen. Gewiß gehört aber auch der Heindlkai dazu, mit seinen alten Bürgerhäusern – darunter vor allem das Lebzelterhaus –, sowie die gotische Pfarrkirche samt Karner, ein römischer Rundbau mit achteckigem, gotischem Aufbau. In der Kirche finden Sie Bilder des Malers Johann Martin Schmidt. Werken dieses „Kremser Schmidt“ werden Sie auf Ihrer Reise stromabwärts noch öfters begegnen.

Sommer 1954

Wie schlimm es an der Donau mit dem Hochwasser sein kann, machen die Hochwassermarken deutlich, die Sie am Schloß Pragstein, aber auch weiter stromabwärts am sogenannten Schiffmeisterhaus finden. 1954 war es ganz besonders arg. Nicht nur Mauthausen, sondern fast alle Orte entlang der Donau standen unter Wasser. In Linz erreichte die Donau damals einen Pegelstand von 9,62 m, 20 km^2 des Stadtgebietes, also gut 20 Prozent, waren überschwemmt. 17.400 Personen waren von den Auswirkungen des Hochwassers betroffen, 8000 mußten aus ihren Wohnungen flüchten. Von den 1640 Wohnungen, die unter Wasser standen, wurden 1240 unbewohnbar. Solche verheerende Hochfluten hat es, wie man aus historischen Berichten weiß, schon immer gegeben, ihre Auswirkungen waren aber oft noch viel schlimmer. So sollen bei einem Hochwasser im Jahre 1342 angeblich 6000 Menschen ums Leben gekommen sein, ein gewaltiges Hochwasser im Jahre 1210 hat die Stadt Neuburg weggeschwemmt, ihre Bewohner haben später die Tochterstädte Korneuburg und Klosterneuburg gegründet.

Durch die Kraftwerksbauten wurde die Gefahr von Überschwemmungen durch Hochwasser an der Donau zwar gemildert, ganz beseitigt kann sie aber wohl nie werden.

Das KZ Mauthausen

Das Konzentrationslager Mauthausen wurde schon wenige Wochen nach der Besetzung Österreichs durch deutsche Truppen eingerichtet. Vom 8. August 1938 bis zur Befreiung am 5. Mai 1945 waren hier etwa 206.000 Personen beiderlei Geschlechts inhaftiert. Die meisten Mauthausener Häftlinge waren wegen ihrer nationalen Zugehörigkeit, rassischen Abstammung, politischen Tätigkeit oder wegen ihres religiösen Glau-

bens inhaftiert. Nur ein geringer Anteil der Lagerinsassen waren tatsächlich Kriminelle.
Weit mehr als 110.000 Häftlinge wurden in Mauthausen getötet oder gingen an den Qualen des Lagerlebens zugrunde. Mauthausen war ein Synonym für Vernichtung und Ausbeutung, denn in 49 Nebenlagern mußten die Häftlinge unentgeltlich und oft unter unmenschlichen Bedingungen Arbeiten für die deutsche Rüstungsindustrie leisten.
In Mauthausen selbst mußten die Häftlinge im Steinbruch arbeiten und dabei schwere Steinlasten über 186 ungleich hohe Stufen hinaufschleppen. Wer zusammenbrach, wurde erschlagen, erschossen oder über die sogenannte Fallschirmspringerwand, eine hohe Felskante, gestoßen.
Gegen Ende des Krieges wurden immer mehr Häftlinge aus anderen Lagern nach Mauthausen verlegt. Viele starben schon auf diesen Todesmärschen an Entkräftung. Am 1. Mai 1945 waren insgesamt 64.000 Personen in Mauthausen untergebracht, die aus aller Herren Länder kamen. Große Kontingente stellten Häftlinge aus Holland, aus Jugoslawien und der Sowjetunion, aus Frankreich, Belgien und Polen, aus Rumänien, Italien und Spanien sowie aus der Tschechoslowakei. Kaum jemand weiß, daß in Mauthausen fast der gesamte Lehrkörper der Universität Prag inhaftiert war. Von den 64 Professoren, Dozenten und Assistenten haben nur vier das Martyrium überlebt.
Mauthausen wurde am 5. Mai 1945 von den Amerikanern befreit. Die Kuriosität dabei: Die Truppen waren auf das KZ nicht vorbereitet, deshalb wiederholten die Amerikaner die Befreiung am 7. Mai, diesmal im Beisein von Presse und Filmteams.

4

Die Mühlviertler „Hasenjagd"

Am 2. Februar 1945 gelang es 570 russischen Gefangenen, aus dem Mauthausener Todesblock auszubrechen. Die Russen attackierten gegen zwei Uhr früh die Wachen mit Feuerlöschern und Schuhen, überwanden mit naßen Decken die elektrischen Zäune und versuchten zu Hunderten, über die schneebedeckten Felder zu fliehen.

Der größte Ausbruch aus einem Nazi-KZ wurde schon in den ersten Minuten zu einem Blutbad. Gut die Hälfte der Ausbrecher wurde vor dem Lager erschossen. Die anderen hatten kaum eine Chance durchzukommen. Entkräftet – im Todesblock gab es nur alle drei Tage Essen – und meist barfuß, waren ihre Überlebenschancen ohnedies gering. Zu alledem gab die SS noch in der Nacht Großalarm. Alle Männer aus den umliegenden Dörfern mußten sich bewaffnen und Jagd auf die „Schwerverbrecher" machen. Die grausame Parole lautete: Erschießen, erstechen, erschlagen – keiner darf am Leben bleiben.

In den folgenden Stunden wurden die Russen, die an ihrer Kleidung und an ihren kahlgeschorenen Köpfen leicht zu erkennen waren, gejagt wie die Hasen. Und es waren nicht nur die SS-Schergen, die sich bei dieser Jagd hervortaten. Auch die Zivilbevölkerung hatte beklemmend großen Anteil an der „Mühlviertler Hasenjagd".

Dennoch geschah das Wunder: Neun Ausbrecher, neun von 570, kamen davon. Zwei von ihnen verdanken der Bäuerin Maria Langthaler ihr Leben. Die Frau aus Winden, Mutter von acht Kindern, verreckte die beiden Russen im Heu am Dachboden und verheimlichte deren Anwesenheit sogar einem ihrer Söhne und ihrer Schwiegertochter. Nur unwahrscheinlichem Glück war es zu verdanken, daß die SS, die mit Suchhunden die Heuböden durchstöberte, die Ausbrecher nicht gefunden hat.

Die beiden Russen sind nach dem Krieg noch einmal nach Mauthausen zurückgekehrt – zu ihrer „Mama".

Ennstalweg nach Enns. Älteste Stadt Österreichs, mit mittelalterlichem Stadtkern und sehenswertem Stadtturm

5. Etappe

5

Mauthausen – Grein

32 km

Eine neue Donaulandschaft tut sich auf: das Machland. Verwilderte, von Altarmen der Donau durchzogene Auen, die zu jeder Jahreszeit mit den fruchtbaren Ackerböden harmonisieren, die die Bauern in harter Arbeit der Donau abgerungen haben.

Seite 63:
Mauthausen: Panorama/Grein: Die Greinsburg

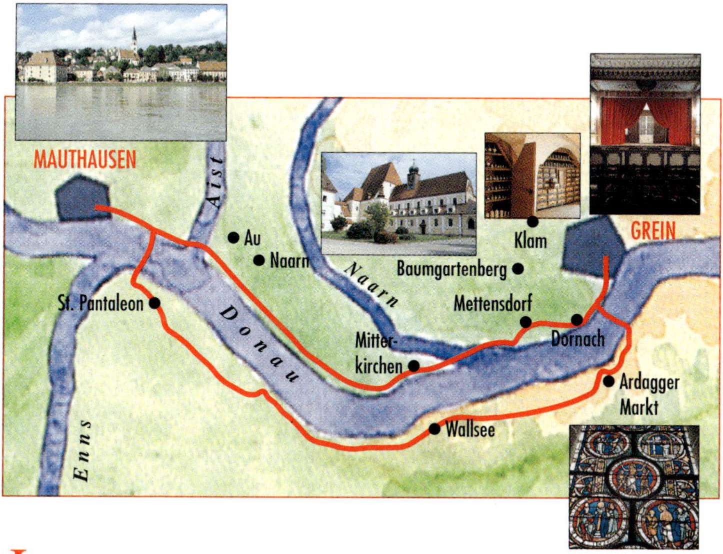

Im Frühling, wenn der blühende Raps die Landschaft mit goldenen Streifen schmückt, wird das Machland zum Gemälde. „Golden“ nennt man auch das Städtchen, das das Herz dieses Landstriches bildet: Grein. Und „goldig“ sind die Sehenswürdigkeiten, die Sie dort erwarten.

Ihre Route am Nordufer

Wenn Sie sich in Mauthausen dicht an der Donau halten, sind Sie auf dem richtigen Weg. Die Straße, die Sie noch ein Stück begleitet, schwenkt bald im großen Bogen von der Donau weg. Ohne den störenden Verkehrslärm führt der Treppelweg bis zur Mündung der Aist. Dort müssen Sie kurz landeinwärts radeln, um den Fluß zu überqueren, Sie können aber nach der Brücke sofort wieder zurück zur Donau.

Jetzt geht es immer den Treppelweg entlang, bis in Sichtweite des Karftwerkes Wallsee ein Weg vom Damm links hinunterführt. Der Weg mündet in die Straße, auf der man über die Kraftwerksbrücke hinüber nach Wallsee kommt.

Bleiben Sie am linken Ufer, so führt Ihr Weg gut ausgeschildert auf Nebenstraßen und Radwegen über Hütting, an Mitterkirchen vorbei nach Mettensdorf und Dornach schließlich nach Grein.

Unterwegs gibt es mehrere Möglichkeiten einzukehren, so etwa ein Ufergasthaus bei Albern, in Au, in Mitterkirchen, Mettensdorf und Dornach.

Ihre Route am Südufer

Wenn Sie sich für die Route am Südufer entscheiden, sollten Sie bedenken, daß Sie hier eine längere Strecke die Straße benützen müssen. Es sind Straßen, die zwar nur wenig befahren sind, aber Sie müssen trotzdem immer mit Autoverkehr rechnen. Auch die Südroute ist beschildert, die Markierung beginnt allerdings erst am rechten Donauufer, unmittelbar nach der Mauthausener Brücke. Der Weg führt zunächst landeinwärts durch die Orte St. Pantaleon und Erla und stößt bei der Rotte Unterau wieder auf den Treppelweg. (Ich würde Ihnen abraten, durchgehend den Treppelweg zu benützen. Ein großes Stück davon ist wirklich schlecht zu befahren, und der markierte Weg stellt kaum einen Umweg dar.)
Auf dem Treppelweg gelangen Sie nach Wallsee. Bei der Kraftwerksbrücke folgen Sie ein kurzes Stück der Straße, überqueren den Altarm der Donau, halten sich dann aber gleich wieder links. Die Markierung führt Sie – wieder von der Donau weg – über Sommerau und Bruch nach Ardagger und weiter zur Greiner Brücke.
So oder so, ob links oder rechts, sollten Sie in Grein auf jeden Fall Pause machen. Es gibt dort allerhand zu sehen.

Wissenswertes, Sehenswertes am Nordufer

Die Dörfer und Rotten, die Sie auf Ihrem Weg nach Grein durchqueren, sind typisch für das Machland. Große Vierkant- und Vierseithöfe sind lose zu Streusiedlungen gruppiert, die geschlossene Dorfstraße fehlt mitunter ganz.

Au an der Donau

Gemeindeamt Naarn ☎ 07262-8255

Badesee, Radlerinformationsstelle

Aisttalweg nach Pregarten und Kefermarkt. Pfarrkirche mit spätgotischem Schnitzalter.

Mitterkirchen

Gemeindeamt ☎ 07269-8255

Naarntalweg nach Perg

Mettensdorf

Gemeindeamt Baumgartenberg ☎ 07269-255

Baumgartenberg

Gemeindeamt ☎ 07269-255

Ehemaliges Zisterzienserkloster, in dessen Kirche sich drei Baustile, nämlich Romanik, Gotik und Barock, mischen. Das Kloster wurde bereits 1411 gestiftet. Sein Gründer Otto von Machland kolonisierte von hier aus große Teile des Landes und ließ es urbar machen. Sein Wappen, in Baum-

gartenberg erhalten, bildete die Vorlage für das oberösterreichische Landeswappen. Das Stift wurde unter Joseph II. aufgehoben.
Heute ist in dem Gebäude eine Mädchenschule untergebracht. Die Kirche kann jederzeit besichtigt werden.

Klam

Gemeindeamt ☎ 07269-7255

Die Burg Clam – zum Unterschied vom Ort mit „C“ geschrieben – befindet sich noch heute im Besitz der Familie Clam, kann aber dennoch besichtigt werden. Die Burg, die auf einem Felsen über der Klamschlucht thront, wurde 1149 von Otto von Machland erbaut. Neben dem fünfstöckigen Palas gehören ein Renaissancetor und der Arkadenhof mit dreistöckigen Laubengängen zu den baulichen Sehenswürdigkeiten.

Außerdem sind noch die Burgapotheke mit der Einrichtung aus dem Jahre 1603 und die Burgkapelle mit einer spätgotischen Holzskulptur im Original erhalten. Bei der Führung durch die Burg werden weiters das Museum mit Waffen, Orden und Uniformen, eine Porzellansammlung und die prunkvollsten der 101 Räume der Veste gezeigt.
Die Burg betreibt eine eigne Brauerei.

Die romantisch enge Klamschlucht, in unmittelbarer Nähe von Ort und Burg, kann in relativ kurzer Zeit durchwandert werden.

Das Machland

Das Machland ist ehemaliges Schwemmland der Donau und als solches auch heute noch immer hochwassergefährdet. Die Aubauern, die den fruchtbaren Donauschlamm nutzten, lernten zwar mit dem Strom zu leben, dennoch sind die ständig wiederkehrenden Hochwasser nicht jedermanns Sache. Seit einigen Jahren ist daher eine freiwillige Umsiedlungsaktion im Gang, von der bisher 34 Bauern Gebrauch gemacht und ihre Höfe im Überschwemmungsgebiet verlassen haben.
Wegen der tiefen und fruchtbaren Böden gedeiht im Machland der Mais besonders gut, weshalb innerhalb der letzten 30 Jahre die Maisanbaufläche von 60 auf über 6000 Hektar anwuchs.

Dornach

Schloß Dornach steht zwar auf historischen Mauern, doch von der ehemaligen Burg ist so gut wie nichts mehr erhalten. Das heutige Schloß entstand aus einem Gutshof, den Prinzessin Therese von Thurn und Taxis um 1898 ausbauen ließ.

Der „narrische Dichter"

Prominentester Bewohner Dornachs zu der Zeit, als es noch ein bäuerliches Anwesen war, war der schwedische Dichter August Strindberg, der 1893 bis 1894 in Dornach und 1896 in Klam wohnte.
Strindberg hat es an der Donau und in Klam aber überhaupt nicht gefallen.

Er war aus chronischem Geldmangel nach Dornach gekommen. Die Großeltern seiner zweiten Frau, der österreichischen Journalistin Frida Uhl, lebten hier. Doch statt das Landleben zu genießen, verstrickte sich Strindberg in immer schwerere Auseinandersetzungen, erst mit seinen Gastgebern und dann mit seiner Frau. Vom Streit zermürbt und an sich selbst zweifelnd, empfindet er den Landstrich um Dornach als „Hölle", eine Wanderung durch die Klamschlucht wird in seiner Phantasie zur existentiellen Bedrohung, indem er einen harmlosen Müllersburschen als „ungetreuen Engel und Henkersknecht" erlebt.
Strindberg verliert mehr und mehr die Lust am Schreiben und flüchtet sich schließlich in die Alchimie und Geheimbündelei. Von Wahnvorstellungen gepeinigt, stürzt sich der „narrische Dichter" – so der Volksmund – eines Tages sogar aus dem Fenster seines Zimmers, bleibt aber unverletzt.

5

Grein

Fremdenverkehrsverband ☎ 07268-6680

Unterer Mühlviertelweg nach Klam

Grein an der Donau, das „goldene Städtchen", wie es einst genannt wurde, gründete seinen Reichtum auf drei Hindernisse in der Donau, die für die Schiffahrt eine große Gefahr darstellten.
926 unternahm Bischof Drakulf von Freising eine Fahrt auf der Donau und verunglückte im Greiner Strudel tödlich. Das erste Opfer, von dem die Geschichte weiß, aber nicht das einzige.
Dieser gefürchtete Strudel sowie der Schwall und der Wirbel zwangen die Donauschiffer, in Grein zu landen und entweder einen Lotsen an Bord zu nehmen oder die Waren auf Wagen umzuladen, um die Schiffe leer durch die Hindernisse zu bringen.
Als dann im 14. und 15. Jahrhundert die Greiner noch mit dem Privileg ausgestattet wurden, sämtliche Handelswaren zwischen Neheim (bei Perg) und Werfenstein auf- und abzuladen und in diesem Stromabschnitt die Schiffahrt zu betreiben, blühte die Stadt erst richtig auf. Beteiligungen am Handel mit Salz, Getreide und mit Weinstecken brachten zusätzlichen Gewinn.

Das Österreich des ausklingenden 15. Jahrhunderts stand ganz im Zeichen des Ungarnkönigs Matthias Corvinus, und nur wenige Adelige blieben dem österreichischen Kaiser treu. Zu ihm standen jedenfalls die Brüder Prüschenk, die im Machland, westlich von Grein, reiche Besitzungen hatten. Als Dank für diesen Beistand hauptsächlich finanzieller Art erhielt das Brüderpaar die Erlaubnis, auf einer Felsenterrasse westlich von Grein ein Schloß zu bauen. Es sollte ursprünglich Stettenfels heißen, wurde später aber Heinrichsburg und schließlich Greinsburg genannt.
Die Greinsburg gilt heute als das erste Schloß in Österreich, das nicht zu Verteidigungszwecken, also als Trutzburg, sondern als Wohnschloß gebaut wurde. Den berühmten Arkadenhof erhielt das Schloß allerdings erst während eines Umbaus in der Renaissance. Unbedingt sehenswert, weil einmalig in ganz Österreich, ist das Zellengewölbe in einem der ebenerdigen Räume, das Maurer unserer Tage vergeblich versucht haben nachzubauen.
Im Schloß Greinsburg ist heute auch ein Schiffahrtsmuseum untergebracht, in den Sommermonaten finden im Arkadenhof Konzerte statt.
Die Bedeutung Greins als Warenumschlagplatz, Schiffs- und Lotsenstation begann erst zu schwinden, als man daranging, die Felsenhindernisse im Strom zu sprengen. Die erste Ladung detonierte 1824. Doch die Gefahr blieb. Noch zwischen 1900 und 1945 ereigneten sich im Donauabschnitt unterhalb von Grein 250 Schiffsunglücke. Die allerletzte Sprengung erfolgte 1956 im Zusammenhang mit dem Bau des Kraftwerkes Ybbs-Persenbeug. Wirklich gefahrlos wurde die Schiffahrt durch den Greiner Strudel aber erst, als mit dem Schließen der Schleusen der Wasserspiegel der Donau um gut 10 Meter angehoben wurde.
Was Sie in Grein noch anschauen sollten, obwohl es kaum in einem Reiseführer steht: das Café „Blumensträußl", das im Biedermeierstil gehalten ist, und den Speisesaal des Gasthofs „Zum Goldenen Kreuz" mit einer Jugendstileinrichtung. Dort finden Sie auch Bilder von der Sprengung der letzten Greiner Donaufelsen.

Woher kommt der Sperrsitz?

Zur Blütezeit der Stadt Grein ließen die Stadtväter am Hauptplatz ein neues Rathaus errichten, das um 1563 vollendet wurde. Es barg in seinem hinteren Teil einen sogenannten Kasten, einen Getreidespeicher. Gut zweieinhalb Jahrhunderte später brauchte man ihn nicht mehr, und es stellte sich die Frage, was mit dem so gewonnenen Raum nun anzufangen sei. Ein Buchbinder namens Franz Xaver Dörr wußte Rat: Der „Kasten“ wurde 1790 zu einem Theater umgebaut, einem Rokokotheater en miniature, wie es in ganz Europa nicht mehr zu finden ist. Es ist heute die älteste im ursprünglichen Zustand erhaltene Schaubühne Österreichs.

Das winzige Theater – es bietet nur 165 Zuschauern Platz – verfügt noch über sogenannte Sperrsitze, deren Sitzflächen senkrecht fixiert sind und nur dann heruntergeklappt werden können, wenn man den richtigen Schlüssel besitzt.

Schlüsselbesitzer, heute würde man sie Abonnenten nennen, waren die reichen Bürger der Stadt. Theatervergnügen gab es aber für alle. Selbst vom Stadtgefängnis aus konnte man durch ein Fenster zuschauen, und mußte ein Zuschauer einmal seine Notdurft verrichten, vermochte er dennoch die Vorgänge auf der Bühne zu verfolgen: Er zog sich hinter einen Vorhang zurück und spähte durch einen Spalt.

Daß ein derart intimer, gemütlicher und unterhaltsamer Musentempel aus den Greinern Theaternarren machte, ist kein Wunder. In der Rokokozeit wurde täglich gespielt, an Sonntagen sogar dreimal. Heute gibt man's billiger: Gespielt wird nur noch zur Sommerszeit. Besichtigungen sind jedoch so gut wie jederzeit möglich.

Wissenswertes, Sehenswertes am Südufer

Wenn Sie bei Mauthausen die Donaubrücke benützen, so überqueren Sie wieder eine Grenze. Paß brauchen Sie auch diesmal keinen, es ist nur die Grenze zwischen zwei Bundesländern. Die Donau bildet zwischen Enns und Grein die Grenze zwischen Oberösterreich und Niederösterreich. Sie haben also – und das ist schon eine sportliche Leistung – ein ganzes Bundesland durchquert. Die erste Ortschaft in Niederösterreich ist

St. Pantaleon-Erla

Gemeindeamt ☎ 07435-7271

Mostviertelradweg nach Seitenstetten. Berühmtes Stift

Unter der Kirche des Feriendorfes an der Donau verbirgt sich eine Krypta aus dem 12. Jahrhundert mit einem Steinaltar mit römischen Ziegeln. Die Krypta ist das älteste Bauwerk dieser Art in Österreich. Das römische Lager, das hier einst existierte, erlitt das typische Schicksal dieser Gegend: Es wurde bei einem Hochwasser so unterwaschen, daß es die Römer aufgaben und bei Enns ein neues, trockenes Standquartier bezogen.

Wallsee

Fremdenverkehrsverband ☎ 07433-2216

Das Schloß Wallsee (erbaut 1364) ist im Privatbesitz der Habsburger und kann nicht besichtigt werden. In dem Schloß fand 1945 die russisch-amerikanische Siegesfeier statt, Teilnehmer waren die Heerführer Marschall Tolbuchin und General Patton.

Ardagger Markt

Gemeindeamt ☎ 07479-312

In Ardagger steht das älteste Stift kaiserlicher Gründung in Niederösterreich mit einer Fülle kunsthistorisch interessanter Details, wie etwa den ältesten Figuralfenstern des deutschen Sprachraums. Auch der Ort selbst hat mit der Nikolauskirche, einer Prangersäule aus dem Jahre 1567 und dem „Schiffmeisterhaus" Sehenswertes zu bieten.

Stift Ardagger: Figuralfenster

Dieses Schiffmeisterhaus erinnert an die Hochblüte des „goldenen Marktls", in dem nach der schwierigen Bergfahrt durch den Struden sämtliche Schiffszüge haltmachten, um die Pferde zu wechseln. Viele Reisende verließen bei der Talfahrt hier, vor dem gefährlichen Stromabschnitt, das Schiff und begaben sich auf dem Landweg nach Ybbs.

5

Radlergetränk „Most"

Sie müssen ihn einfach kosten – den Most, dieses Getränk, das einem ganzen Viertel Niederösterreichs den Namen gibt. Most, das ist in dieser Gegend nicht der unvergorene, frisch gepreßte Traubensaft, sondern ein leichter, spritziger Obstwein, der sich wegen seines geringen Alkoholgehalts und seiner durstlöschenden Säure als Radlergetränk gut eignet.

Die Rohware des Mostes sind Äpfel und Birnen, die Bäume, auf denen dieses Mostobst wächst, prägen das

Bild der Landschaft: 300.000 sind's, die im Frühling das Mostviertel in einen blühenden Garten verwandeln.
Der Most war und ist ein Volksgetränk, die Mostpresse und den eigenen Mostkeller findet man auch heute noch in den meisten Vierkanthöfen. Und dort schmeckt er auch am besten: kellerkalt, aus einem bauchigen Krug, zu einer deftigen Jause mit Schwarzbrot und Speck.
Die Mostgalerie in Ardagger ist eine Institution, die dazu beitragen soll, dem Most wieder zu Ansehen und Absatz zu ver-

helfen, nicht nur um die Existenz der Mostbauern zu sichern, sondern um zu verhindern, daß noch mehr Obstbäume aus der Landschaft verschwinden. Vor 60 Jahren zählte man nämlich noch eine Million ...

6. Etappe

6

Grein – Ybbs

19 km

Der Strudengau ist der wildeste Teil der Donau. Er war es, ehe die wilden Wasser bei Ybbs gestaut wurden, und er bleibt es in den wilden Geschichten, in denen von Raubrittern und Wassergeistern, von geheimnisvollen Strudeln, Schiffsunglücken und glücklichen Errettungen die Rede ist. Dichtung und Wahrheit fließen in diesem Teil der Donau ineinander, weil Geschichten, in denen eine Prinzessin die Hauptrolle spielt, sagenhaft klingen, auch wenn sie Geschichte sind.

Die Prinzessin lebt nur noch in Geschichtsbüchern, der Donaufürst ist verschwunden, die Raubritter beleben unsere Phantasie. Aber die unvergleichliche Donaulandschaft, in der sich alle diese Geschichten abgespielt haben sollen, sie ist unverändert erhalten.

Achten Sie auf dieser Etappe darauf, lassen Sie Ihre Phantasie von der Leine. Vielleicht passiert dann auch Ihnen etwas Sagenhaftes.

Seite 77:
Schloß Greinsburg: Arkadenhof/Blick auf Schloß Persenbeug

Die Donaunixe

Auch wenn die Donauschiffer heute bei der Fahrt durch den Struden weder hinderliche Felsen noch gefährliche Strudel fürchten müssen, bleibt der Donauabschnitt unterhalb von Grein eine Problemstrecke. Eigene Lichtsignale bei der Greiner Brücke und bei St. Nikola regeln die Durchfahrt durch diese Stromenge. Hier, an dieser ohnedies engen Stelle, teilt die Insel Wörth die Donau in zwei Arme: den linksufrigen Strudenkanal und den gefürchteten Hößgang auf der rechten Seite. Ein Stück weiter unten, bei St. Nikola, ist die tiefste Stelle der Donau: 13 Meter bei mittlerer Wasserführung.

Dort, am Eingang zum Hößgang, lebte zu der Zeit, als es in der Donau noch Nixen und Wasserjungfrauen gab, ein Fährmann mit seinem Sohn. Eines Nachts mußte der Junge ein paar übermütige Burschen über den Strom bringen, die sich während der gefährlichen Überfahrt über die Wassernixen lustig machten. Der junge Schiffer bat seine Kunden, solche Reden zu unterlassen, doch sie hörten nicht auf zu spotten, bis plötzlich eine Hand wie ein Fisch aus dem dunklen Wasser schnellte und dem Lautesten der Maulhelden eine kräftige Ohrfeige gab. Da war auf einmal Ruhe in der Zille.

Tage später hatte der Bursche wieder eine nächtliche Überfahrt zu unternehmen, diesmal aber warf ein aufkommender Sturm zusätzlich gefährliche Wellen im Hößgang auf. Der junge Fährmann verlor mitten im Strom die Kontrolle über das kleine Boot, die Strömung erfaßte es und riß es mit, direkt auf den gefährlichen Strudel zu. In diesem Augenblick stand eine weißgekleidete Frau in der Zille, faßte nach dem Ruder und lenkte das Boot sicher ans rettende Ufer. „Du hast uns vor dem Spott der Burschen geschützt", sagte die weiße Frau und verschwand so plötzlich, wie sie gekommen war.

Ihre Route

Im Strudengau, dem Donauabschnitt zwischen Grein und Ybbs, rükken die Berge so nahe an die Donau heran, daß kaum noch Platz für Bahn, Straße und Siedlungen bleibt. Es gibt daher auch nur einen Radweg auf der südlichen Donauseite, die Straße am Nordufer ist eng und stark befahren, für Radfahrer daher ungeeignet. Außerdem ist die Strecke am Südufer landschaftlich sehr reizvoll.

Im Greiner Strudel

Um die Südroute zu erreichen, müssen Sie von Grein aus zunächst die zwei Kilometer zurück zur Brücke radeln und dann dem Weg folgen, der am südlichen Ufer entlangführt. So kommen Sie durch die Ortschaften Wiesen, Hößgang und Freyenstein direkt ins Stadtzentrum von Ybbs.

Vorsicht: Beim Kraftwerk Ybbs müssen Sie die stark befahrene Bundesstraße überqueren!

Einkehrmöglichkeiten haben Sie auf dieser Etappe in Hößgang, Freyenstein und beim Campingplatz in Willersbach.

Wissenswertes, Sehenswertes

Die Burg Freyenstein etwa auf halbem Weg zwischen Ybbs und Grein, also mitten im Herzen des Strudengaus, paßt so richtig zum Bild dieser Landschaft; so wie die Raubritter, die hier einst ihr Unwesen trieben. Die Herren von Freyenstein hatten nämlich eine besondere Art des Raubrittertums entwickelt, das sogenannte Weinen: Viele Schiffszüge, die stromaufwärts unterwegs waren, hatten Wein für die Städte und Klöster Oberösterreichs und Bayerns geladen. Sie mußten in Freyenstein halten und den Burgherren eine kräftige Kostprobe gestatten.

Der Donaufürst

Bei Tag sieht man es nur, wenn man den Blick dafür geschärft hat, bei Nacht und Mondschein ist es leichter auszunehmen: ein Glitzern und Glänzen, das ganz plötzlich in der Donau aufleuchtet. Es stammt von der Krone des Donaufürsten, der in der Nähe von Freyenstein im Strom haust. Manchmal, wenn die Nächte besonders hell und lau sind, steigt der alte Fürst aus dem Wasser, um sich sein Reich von oben anzusehen und sich auf den Ufersteinen ein wenig auszuruhen. Dazu legt der Fürst meist seine Krone auf einen anderen Stein neben sich. Sie drückt ihn nämlich, weil sie ja aus schwerem Gold und mit Edelsteinen reich verziert ist.

Auf diese Krone hatte es einst ein Fischer aus Freyenstein abgesehen. Nacht für Nacht hockte er geduldig im Ufergras, um auf den Donaufürsten zu warten. Eines Nachts war es dann soweit: Der Fürst stieg prustend aus dem Wasser, ließ sich auf einem Felsen am Ufer nieder und legte seine kostbare Krone neben sich ins Gras.

Der Fischer schlich lautlos näher, schnappte sich die Krone und suchte sein Heil in der Flucht, doch der Donaufürst schleuderte ihm zornig einen Kieselstein nach, der den Fischer so hart am Kopf traf, daß er betäubt niederstürzte. Die Krone

kollerte ihm aus der Hand, verlor aber beim Aufprall vier Edelsteine.
Die fand der Fischer am nächsten Morgen.
Der Donaufürst rächte sich für diesen Frevel bitter. Als die Tochter des Fischers nahe am Ufer spielte, zog er sie zu sich ins Wasser und behielt sie in seinem Reich. Der Fischer mochte bitten und betteln, soviel er wollte, ja er war sogar bereit, die Edelsteine zurückzugeben im Tausch gegen seine Tochter.
In einer stürmischen Nacht, als der Fischer wieder einmal draußen auf dem Strom war, tauchte der Donaufürst endlich aus den Fluten auf. „Gib mir meine Steine, und du sollst deine Tochter wiedersehen", sprach er zu dem Fischer. Der griff in die Tasche, um die Steine herauszuholen, dabei ließ er das Ruder los. Sein Boot drehte sich, geriet in den Strudel und sank samt dem Fischer hinab ins Reich des Donaufürsten.
Die Leute am Ufer aber meinten, nun habe der Fischer das gleiche Schicksal erlitten wie seine Tochter.

Viel handfester und viel weniger romantisch ist die Geschichte rund um das Kraftwerk Ybbs-Persenbeug, obwohl es auch dabei um ein versunkenes Dorf geht. Als man 1955 daranging, das Kraftwerk zu bauen, mußte zuvor das Schloß Donaudorf gesprengt und abgebrochen werden.
Das Schloß und ein kleines Dorf bildeten am südlichen Ufer ein Gegenstück zum Schloß Persenbeug.

Ybbs

Stadtamt 07412-52612

Rad-Informationsstelle 07412-55233

Ybbstalweg nach Waidhofen

Daß Ybbs einmal das Zentrum des Handels und der Schiffahrt auf der Donau war, zeigen die drei wichtigsten Häuser an der Donaulände: die Weinmaut, aus deren Erlös der Bau der Universität in Wien finanziert wurde, das sprichwörtliche Salzamt und der Passauer Kasten, ein Getreidespeicher – also gleich drei Zollämter in einer Reihe.

Ybbs war nämlich einst ein wichtiger Warenumschlagplatz an der Donau. Hier mußten alle Schiffe anlegen, um Maut zu entrichten. Hier bestand die größte Schiffmeisterorganisation, das sogenannte Bindewerk, dem alle Schiffmeister zwischen Willersbach und Melk angehörten. Da es in Niederösterreich nur noch ein Bindewerk in Stein gab, kann man sich vorstellen, welche Bedeutung der Ybbser Organisation zukam.
In Ybbs gab es seit jeher einen Donauübergang. Direkt unter der Kirche war der Ablegeplatz für die Fähre. Der aus einem alten Torturm gebildete Altarraum mußte extra hoch angehoben werden, um den Zugang zur Donau unter der Kirche nicht zu behindern. Die Zillenüberfuhr wurde 1882 durch ein kleines Dampfschiff namens „Charlotte" ersetzt, ab 1898 übernahm eine Rollfähre den Dienst. Sie wurde erst 1958 demontiert.

6

Der Admiral der Donau

Der größte aller Ybbser Schiffmeister war Matthias Feldmüller (1770–1850) aus Persenbeug, der auf der oberen und unteren Donau an die 1200 Schiffe kommandierte und daher mit Recht der „Admiral der Donau" genannt wurde.

Das Wohnhaus des Schiffmeisters in Persenbeug und das Schiffmeisterhaus in Ybbs erinnern noch heute an diesen Mann, der nicht nur die Schiffe ausrüstete und pro Jahr an die 50 Schiffe von seinen Zimmerleuten bauen ließ, sondern immer noch 1000 Rosse und Reiter für die schweren Schiffszüge stellte, obwohl bereits 1837 das erste Dampfschiff in Ybbs aufgetaucht war. Als Matthias Feldmüller starb, hinterließ er seiner Tochter Rosl das für damalige Zeiten unglaubliche Vermögen von zwei Millionen Gulden.

„Sisis“ Brautfahrt

Die Wittelsbacher-Prinzessin und spätere Kaiserin von Österreich Elisabeth reiste im April 1854 mit der Yacht „Adler“ von Passau zu ihrer Hochzeit nach Wien. Im Greiner Strudel lief

„Sisi“ auf dem Weg nach Wien

das Schiff der Kaiserbraut auf Grund, und die schöne „Sisi“ wäre um ein Haar ertrunken. Glücklich, das Abenteuer unbeschadet überstanden zu haben, ging sie am 22. April in Ybbs an Land. Eine Gedenktafel an der Weinmaut erinnert heute noch daran.

7. Etappe

Ybbs – Melk

7

25 km

Jeder Meter Boden links und rechts der Donau ist mit historischen Ereignissen verbunden, aber nirgends wird es einem so klar wie auf dieser Etappe.

Schon der Name des Abschnitts erinnert an die Nibelungen, die so wie Sie die Donau abwärts gezogen sind. Im Nibelungenlied, dem wohl bedeutendsten deutschen Heldenepos, wird ihre Reise besungen. Pöchlarn und Melk waren Rast- und Festplätze der Recken, die die burgundische Königstochter Kriemhild zwecks blutiger Rache ins Ungarland lockte.

Seite 85:
Blick auf Schloß Persenbeug/Stift Melk

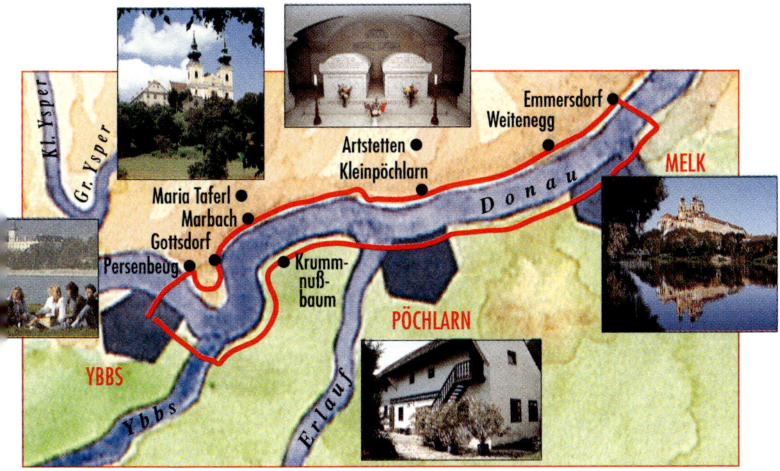

Die Gastfreundschaft dieser Region hat sich bis auf den heutigen Tag erhalten, wenn auch der Wein den Gästen nicht mehr in goldenen Kelchen kredenzt wird.

7

Historisches hat sich auch am Nordufer ereignet: In Persenbeug wurde ein Kaiser geboren, in Artstetten ein Thronfolger begraben.

Ihre Route am Nordufer

Um von Ybbs ans Nordufer zu gelangen, müssen Sie zunächst an der Lände zurück zum Kraftwerk und von dort über die Brücke nach Persenbeug radeln. Hinter dem Schloß geht es Richtung Ortsmitte und von dort auf gut markierten Wirtschaftswegen nach Hagsdorf und Gottsdorf.

Dort beginnt ein Radweg, der kreuzungsfrei durch Marbach und Kleinpöchlarn und durch das Freizeitgelände Weitenegg bis zur Donaubrücke bei Emmersdorf führt.

Einkehrmöglichkeiten gibt es unterwegs in jedem Ort.

Ihre Route am Südufer

So wie bei der Nordvariante können Sie auch im Süden mit einer durchgehenden, markierten Radroute rechnen. Ihr Verlauf ist auch im Stadtgebiet von Ybbs gut ausgeschildert. Der eigentliche Radweg beginnt am Ende der Wiener Straße, er führt, hübsch angelegt, durch die Au nach Säusenstein und weiter nach Krummnußbaum.

Dort finden Sie einen Wegweiser der nach Maria Taferl zeigt. Das ist die Kirche am anderen Ufer, oben am Berg. Wenn Sie dorthin wollen, müssen Sie mit der Fähre hinüber nach Marbach und von dort eine starke Steigung hinauf zum Wallfahrtsort oder, viel weniger steil, zum Schloß Artstetten.

Wenn Sie aber die Absicht haben, gleich weiter Richtung Melk und Wachau zu radeln, sollten Sie am rechten Ufer auf dem Damm bleiben. Er führt Sie in die Nibelungenstadt Pöchlarn (auch hier gibt es eine Fähre) und weiter nach Melk.

Pöchlarn: Kokoschkas Geburtshaus

7

Wissenswertes, Sehenswertes am Nordufer

Persenbeug

Gemeindeamt ☎ 07412-52206

Yspertalweg nach Ysper/Altenmarkt

Das Schloß Persenbeug, auf einem Felsen direkt über der Donau errichtet (1717), war die Sommerresidenz Kaiser Franz I. und Geburtsort des letzten österreichischen Kaisers Karl I. Das Schloß ist auch heute noch im Privatbesitz der Habsburger und daher nicht zu besichtigen.
Der stille Markt Persenbeug geriet 1945, knapp vor Ende des Krieges, unfreiwillig in den mörderischen Strudel der Geschichte: 230 ungarische Juden, die während des deutschen Rückzugs nach Mauthausen zwangsverlegt werden sollten, wurden in Persenbeug ermordet. Ein Rollkommando der SS trieb sie am 2. Mai zu einem Graben und erschoß sie. Nur sechs Personen überlebten das Massaker: eine Frau, die sich im Graben totstellte, drei Personen, weil sie nicht in der Lagerbaracke untergebracht waren, und zwei Männer, die ein SS-Mann im Krankenzimmer verschonte, indem er die ihnen geltenden Schüsse in die Luft abgab.
Ein Gedenkstein am Ort des Geschehens in Lanhof, etwas außerhalb von Persenbeug, soll verhindern, daß das Massaker in Vergessenheit gerät.

Von Persenbeug flußabwärts geht es durch die kleinen Donaugemeinden

Gottsdorf

Metzling

Marbach

Fremdenverkehrsverein ☎ 07413-311

nach Krummnußbaum an der Westbahn

Marbach und der eingemeindete Ort mit dem langen Namen „Krummnußbaum an der Donauuferbahn“ gelten als aufstrebende Fremdenverkehrsgemeinden, mit einer gute Gastronomie. Im Stauraum der Donau gibt es viele Möglichkeiten zum Wassersport.

Maria Taferl

☎ 07413-302

So wie bei anderen Wallfahrtsorten dürfte auch auf der Höhe über Marbach eine keltische Kultstätte bestanden haben, zumindest deutet der „Taferlstein“ neben der Kirche darauf hin. Um diesen Platz zu „christianisieren“, brachte man an einer Eiche neben dem Stein ein Kreuz an und links und rechts davon Bilder von Maria und Johannes. Am 14. Jänner 1633 soll, so erzählt die Legende, ein Viehhirt aus

Krummnußbaum versucht haben, die Eiche zu fällen. Es gelang ihm nicht, denn die Axt glitt ab und fuhr ihm in die Beine. Jetzt erst erkannte der Bursche, welchen Frevel er begehen wollte, kniete nieder und bat um Verzeihung. Sofort waren seine Beine wieder heil, und er konnte nach Hause gehen.

Kurz darauf ließ ein Richter aus Krummnußbaum eine Muttergottesstatue unter die Eiche stellen, der man bald wundersame Heilungen und Erscheinungen zuschrieb. Obwohl diese Wunder kirchlich nie bestätigt wurden, erhob der Papst 1947 die Kirche von Maria Taferl zur Basilika und sprach in der Begründung von Zeichen und Wundern.

Das Original des Gnadenbildes ist 1755 verbrannt, als ein Ministrant an den Stamm, den man ins Gotteshaus miteinbezogen hatte, Feuer legte. Er wurde durch eine Eiche aus Metall ersetzt.

Kleinpöchlarn

Gemeindeamt ☎ 07413-8300

nach Pöchlarn

Artstetten

☎ 07413-8235

Erzherzog-Franz-Ferdinand-Museum
Öffnungszeit: April bis November
täglich von 9.00–17.30 Uhr

Etwa dort, wo heute die Fähre zwischen Kleinpöchlarn und Pöchlarn verkehrt, wurden im Morgengrauen des 4. Juli 1914 zwei Leichenwagen auf einer Überfuhr über die Donau gebracht. In den Särgen unter den bestickten Decken lagen die Leichen des österreichischen Thronfolgers Franz Ferdinand und seiner Frau Sophie. Das Paar war bei einem Attentat in Sarajewo getötet worden. Die Nacht war ziemlich gewittrig, so daß die Offiziere, die den Kondukt begleiteten, die Pferde aus den Strängen spannen und beruhigen mußten. Trotzdem passierte es: Bei einem schweren Donnerschlag setzte einer der Rappen zurück, und nur mit Mühe konnte verhindert werden, daß der Wagen samt den Särgen in die Donau stürzte.

Schloß Artstetten: Gruft

Daß Franz Ferdinand und Sophie in Artstetten beigesetzt wurden, entsprach dem Wunsch des Thronfolgers.

Er hatte auf seinen Ehrenplatz in der Kapuzinergruft in Wien verzichtet, da er an der Seite seiner Frau bestattet werden wollte. Der böhmischen Gräfin Sophie Chotek war ein Platz bei

den Kapuzinern verwehrt, da sie keinem Dynastengeschlecht entstammte.
Artstetten war beider Lieblingsschloß, dort ist auch eine permanente Ausstellung über dieses ungewöhnliche Liebes- und Ehepaar eingerichtet. Die Gruft, die der Erzherzog für sich und seine Frau hat bauen lassen, kann besichtigt werden.

Ebersdorf

Der Ort besitzt einen bemerkenswerten Pfarrhof mit Holzschindeldach und eine Kirche mit einem Bild des „Kremser Schmidt“, dessen Kunst Sie stromabwärts noch öfters bewundern können.

Weitenegg

Gemeindeamt ☎ 02752-7287

Wegen ihrer vier Tore mit den dazwischenliegenden Höfen und des aus besonders dicken Mauern gefügten Bergfrieds galt die Veste Weitenegg lange Zeit als uneinnehmbar. Die Ungarn schafften es im 15. Jahrhundert dennoch, die Schweden, die es 1645 auch versuchten, scheiterten hingegen.
Zwei Kilometer weiter stromabwärts liegt, leider direkt an der Straße, das schindelgedeckte

Schloß Luberegg

Das Schloß ließ der Holzhändler und Postmeister Josef Weber bauen. Da das Holz, das er verkaufte, auf dem Weitenbach angeflößt wurde, ließ er zur Zeit der Schneeschmelze seine Holzarbeiter Tag und Nacht durcharbeiten. Zur Beleuchtung des Holzplatzes wurden auf den beiden Rundtürmen ständig riesige Feuer unterhalten. 1795 erwarb Kaiser Franz I. das aus fünf Häusern bestehende Ensemble und baute es zu einem Sommersitz aus.
Das Museum, das heute in einem Teil der Räumlichkeiten eingerichtet wurde, ist Kaiser Franz und seiner Zeit gewidmet. Titel der ständigen Ausstellung: „Von der Französischen Revolution bis zum Wiener Kongreß“ (Öffnungszeiten: April bis November täglich 9.00 bis 17.30 Uhr).

Flöße auf der Donau

Das letzte Holzfloß, das die österreichische Donau abwärts fuhr, wurde 1953 in Spitz zusammengestellt. Spitz, Sarmingstein und Weitenegg waren die bedeutendsten Holzumschlagplätze, weil dort das Holz aus dem Waldviertel über die einmündenden Bäche „angeschwemmt" wurde. Das heißt, man nützte das Wasser der Schneeschmelze, um das im Winter geschlagene Holz an die Donau zu bringen. Dort wurden mit Tauen, die aus Haselruten gedreht waren, die Flöße zusammengestellt und auf diese Weise das Holz bis Wien, Budapest und sogar bis Mohács transportiert.

Die Flößerei war ein hartes Geschäft, das viel Kraft und Geschick erforderte. Das Floß, das ein amtlich geprüfter Nauführer oder Floßmeister kommandierte, war bis zu 65 Meter lang, 15 Meter breit und bestand aus 700 Festmetern Holz. Zum Steuern eines solchen Gefährts waren bis zu 12 Floßknechte nötig. Schwieriger aber als das Steuern war das Anlanden. Dazu wurde zunächst mit einer Eisenkette, die man am Flußgrund mitschleifte, die Fahrt gebremst, dann wurde mit einer Zille ein Seil an Land gebracht und das Floß damit festgemacht.

Emmersdorf

i Gemeindeamt ☎ 02752-7469

In diesem schmucken Ort fallen die schmiedeeisernen Hauszeichen auf, mit denen die Gasthöfe geschmückt sind, und die weiten Abstände zwischen den Häusern. Sie wurden nach einem Katastrophenfeuer als Brandschutz vorgeschrieben.

Wissenswertes, Sehenswertes am Südufer

Säusenstein

Auf der letzten Etappe war im Zusammenhang mit dem „versunkenen Schloß“ Donaudorf von Johann Bergl und seinen Gemälden die Rede. Auf dieser Etappe können Sie sich in der Kirche von Säusenstein vom küstlerischen Rang dieses Barockmalers überzeugen. Und noch zwei großen Malern werden Sie in der Kirche begegnen: Paul Troger, von dem das Hochaltarbild stammt, und Martin Johann Schmidt, dem „Kremser Schmidt“.
Hier in Säusenstein gab es auch eine Zisterzienserabtei, von der allerdings nur noch ein kleiner Teil erhalten ist. Die zur Donau hin liegenden Teile hat man 1856 abgerissen, um der Eisenbahn Platz zu machen.
Das Schloß Säusenstein ist wegen seiner beiden Speisesäle berühmt: ein Sommersaal im Erdgeschoß, ein Wintersaal im ersten Stock.

7

Krummnußbaum an der Westbahn

Gemeinde ☎ 02757-2403

nach Marbach

Pöchlarn

Gemeindeamt ☎ 02757-2310

nach Kleinpöchlarn

Ötscherlandweg nach Wieselburg, Drei-Täler-Radweg

Die alte Nibelungenstadt Pöchlarn – sie wird im Nibelungenlied als Sitz Rüdigers von Bechelaren genannt, der die gegen Osten ziehenden Helden mit dem fröhlichen Wunsch „In diesem schönen Land, da mag euch werden frohe Zeit“ empfing. In dieser Stadt ist noch einiges vom alten Kern erhalten, obwohl verheerende Brände sie zweimal in Schutt und Asche gelegt haben. Nach dem Feuer von

1776 war die Not so groß, daß Kaiserin Maria Theresia für Pöchlarn sammeln ließ.

Von den ursprünglichen Befestigungsanlagen der Stadt sind noch zwei Türme erhalten. In dem einen, dem Welserturm, nahe der Fähre, ist ein bemerkenswertes Heimatmuseum untergebracht.

Ein weiteres Museum ist dem 1980 verstorbenen Maler Oskar Kokoschka gewidmet. Es befindet sich in seinem Geburtshaus in der Regensburger Straße.

Sehenswert ist auch das Nibelungendenkmal mit den Wappen der 16 „Partnerstädte“ aus dem Nibelungenlied.

Siegfried, Kriemhild & Co.

Das Nibelungenlied ist kein Lied zum Singen, sondern das größte Epos mittelhochdeutscher Literatur, das um 1160 von einem unbekannten, wahrscheinlich österreichischen Dichter verfaßt wurde. Es erzählt von Siegfrieds Werben um die burgundische Königstochter Kriemhild und die Vermählung der beiden, von Siegfrieds Ermordung durch Hagen und von Kriemhilds schrecklicher Rache mit Hilfe ihres zweiten Mannes, des Hunnenkönigs Etzel.

Wer war OK?

Der Maler Oskar Kokoschka, 1886 in Pöchlarn geboren, ist einer der bedeutendsten Vertreter der österreichischen Moderne. Obwohl er schon als Kind seine Geburtsstadt verließ und seine ersten Arbeiten auch in Wien kaum Anerkennung fanden, bezeichnete er sich doch immer wieder als ein Kind der Donau.

Erst nach dem Zweiten Weltkrieg erinnerten sich die Pöchlarner Kokoschkas, verliehen

ihm 1951 die Ehrenbürgerschaft und organisierten 1967 die erste Ausstellung in seiner Geburtsstadt. Dafür erhielt die Stadt 24 Lithographien des Künstlers als Geschenk. Um das Geschenk im geeigneten Rahmen präsentieren zu können, ließ die Stadt sechs Jahre später Kokoschkas Geburtshaus für Ausstellungs- und Forschungszwecke adaptiern. OK starb 1980 in der Schweiz.
Die Kokoschka-Dokumentation in der Regensburger Straße 29 ist von Mai bis September täglich, außer Montag, von 9–12 und 14–17 Uhr geöffnet.

Melk

Fremdenverkehrsstelle im Rathaus,
Radinformationsstelle ☎ 02752-2307

Stiftsführungen zu jeder vollen Stunde zwischen 10 und 15 Uhr in deutsch, englisch, französisch und italienisch

Pielachtalweg

Das barocke Stift Melk in diesem Rahmen ausführlich zu beschreiben, ist unmöglich. Da sollten Sie besser eine Führung mitmachen, bei der man Ihnen alles Wissens- und Sehenswerte erklären wird.

Stift Melk: Marmorsaal

Dennoch sei das Wichtigste hier aufgezählt, damit Sie sich darauf einstellen können, was Sie dort erwartet.

Stift Melk: Wendeltreppe

Das Stift Melk ist zwar nicht das älteste, jedoch eines der ganz alten in Österreich. Auf dem Felsen über der Donau hatte bereits Markgraf Leopold I. aus dem Geschlecht der Babenberger seine Residenz errichtet, und da die Markgrafen wußten, daß sie ihr Land nur aufbauen konnten, wenn sie es kultivierten und missionierten, rief Leopold II. 1089 Benediktiner aus dem oberösterreichischen Kloster Lambach nach Melk. Vom alten Kloster steht allerdings kaum noch etwas.

Melker Stiftskirche

Den Gottespalast, wie wir ihn heute kennen, ließ Abt Berthold Dietmayr im Spätbarock erbauen. Baumeister dieses größten niederösterreichischen Klosters war Jakob Prandtauer, der Melk zur bedeutendsten Schöpfung barocker sakraler Baukunst in Europa machte.

Die Südfassade der Anlage, die sich über der Stadt erhebt, ist 240 Meter lang. An der Westseite, vor der Stiftskirche, schließt die Altane an, von der man einen herrlichen Blick über das Donautal hat. Als reizvoller Abschluß verbindet dieser Söller Marmorsaal und Bibliothek.

Melker Kreuz

Beide Säle und andere Teile des Stiftes können ganzjährig besichtigt werden. Die prunkvollsten Räume sind die „Kaiserzimmer“, in denen sich allerdings höchst selten ein gekröntes Haupt blicken ließ, der Marmorsaal aus Stuckmarmor und die Bibliothek, beide mit großartigen Fresken von Paul Troger ausgestattet.

In der Bibliothek befinden sich in kunstvoll verzierten Regalen 85.000 Bände, alle in Leder gebunden und goldbedruckt. Zum Wertvollsten zählen rund 2000 Handschriften und 850 Inkunabeln, also Bücher aus den Anfängen des Buchdrucks.

Im sogenannten Kaisertrakt ist heute ein Museum eingerichtet, in dem die Geschichte und die Bedeutung des Stiftes Melk dokumentiert werden. Es werden dort aber auch zahlreiche Schätze aus dem Klosterbesitz gezeigt. Dazu gehören das reich verzierte Melker Kreuz und das Lettnerkreuz, das ursprünglich in der Rochuskirche in Wien hing.

Im 196 Meter langen Gang des Kaisertraktes befindet sich auch die vollständige Galerie der österreichischen Herrscher. Die Bilder dieser Galerie wurden jedoch nicht nach der Natur gemalt, sondern entstanden frei nach den Vorstellungen des Künstlers. Sie sind also keine echten Porträts.

Die Stiftskirche ist eine wahrhaft meisterliche Verbindung von barocker Baukunst, Malerei und Ausstattung. Die Gemälde für diesen Kuppelbau schuf der aus Bayern stammende Michael Rottmayr. Die Kuppel der Kirche ist übrigens 64 Meter hoch, also genau so hoch wie das Riesenrad in Wien. Die weithin sichtbaren Turmhelme der Kirche gehen nicht auf Jakob Prandtauer zurück, sondern wurden von seinem Schüler und Schwiegersohn Joseph Munggenast entworfen.

7

Die Stadt Melk

Gemessen am Stiftspalast oben am Berg drohen die Sehenswürdigkeiten unten in der Stadt zu verblassen. Dabei sind das „Haus am Stein“ mit seinem 300 Jahre alten Weinstock und das schönste Posthaus Österreichs, die alte Apotheke und der schindelgedeckte Brotladen in der Fußgängerzone durchaus sehenswert.

Die älteste Straße von Melk ist die Sterngasse oberhalb der Fußgängerzone. Sie ist noch ziemlich original erhalten, weil sie als einzige von dem verheerenden Großbrand des Jahres 1847 verschont geblieben ist.

Ein Baumeister und sein Schwiegersohn

Wer war dieser Jakob Prandtauer, der mit dem Stift Melk den bedeutendsten Sakralbau des Barock in Europa geschaffen hat?

Jakob Prandtauer (1660–1726)

Er war Tiroler. Geboren am 15. Juli 1660 in Stanz bei Landeck. Er war ein Maurer, der mit siebzehn seine Lehre begann und sich nach und nach zum Baumeister – heute würde man sagen „Architekt" – weitergebildet hat.

Er wurde ein Niederösterreicher. 1692 kaufte er in St. Pölten ein Haus, in dem er bis zu seinem Tod am 16. September 1726 wohnte. Und er war vor allem ein Genie, weil er es verstand, der barocken Idee des Triumphes des Christentums über die heidnischen Moslems monumentalen Glanz zu verleihen.

Er war vielseitig. Er schuf Wohn- und Verwaltungsbauten wie den Lesehof der St. Pöltener Chorherren (Prandtauerhof) in Joching, konstruierte Brücken, die allerdings nicht gebaut wurden, und versuchte sich an Dorfkirchen (Ravelsbach, Weikersdorf, Christkindl), ehe er 1701 mit dem Um- und Neubau des Stiftes Melk sein Meisterwerk lieferte. Es war nicht sein letztes. Auch in Herzogenburg, Seitenstetten und St. Florian war er tätig. Er hat nicht alle seine Pläne selbst ausgeführt und vollendet. Doch er fand einen würdigen Nachfolger. Joseph Munggenast, (geb. 5. März 1680) gleichfalls ein Tiroler, zog wie sein Verwandter nach St. Pölten, wo er zunächst als Schüler und später als Schwiegersohn das Werk seines Meisters weiterführte und vollendete. Von Munggenast stammen die Turmhelme der Melker Stiftskirche, das Stift Zwettl, und er war der ausführende Baumeister des Stiftes Dürnstein an der Donau. Munggenast starb im Mai 1741 in St. Pölten.

8. Etappe

Melk – Krems

45 km

8

Die Strecke zwischen Melk und Krems darf mit Recht die Königsetappe der ganzen Tour genannt werden. Der Radweg führt mitten hinein in die Wachau, in eine Landschaft voll Wein, voll Sehenswürdigkeiten, voll Geschichte und Geschichten.

Die Wachau ist die Heimat der üppigen Venus von Willendorf und der grausamen Kuenringer, die – so geht die Mär – in Aggstein ihre Gefangenen im sogenannten Rosengärtlein haben verschmachten lassen.

In Dürnstein spielt die Geschichte von König Richard Löwenherz und seinem treuen Säger Blondl, und bei Schwallenbach wird es gar teuflisch: Dort erinnert eine steinerne Mauer an eine Wette, die ein vorlauter Hahn dem Teufel vermasselt hat.

Seite 101:
Stift Melk/Krems: Steiner Tor

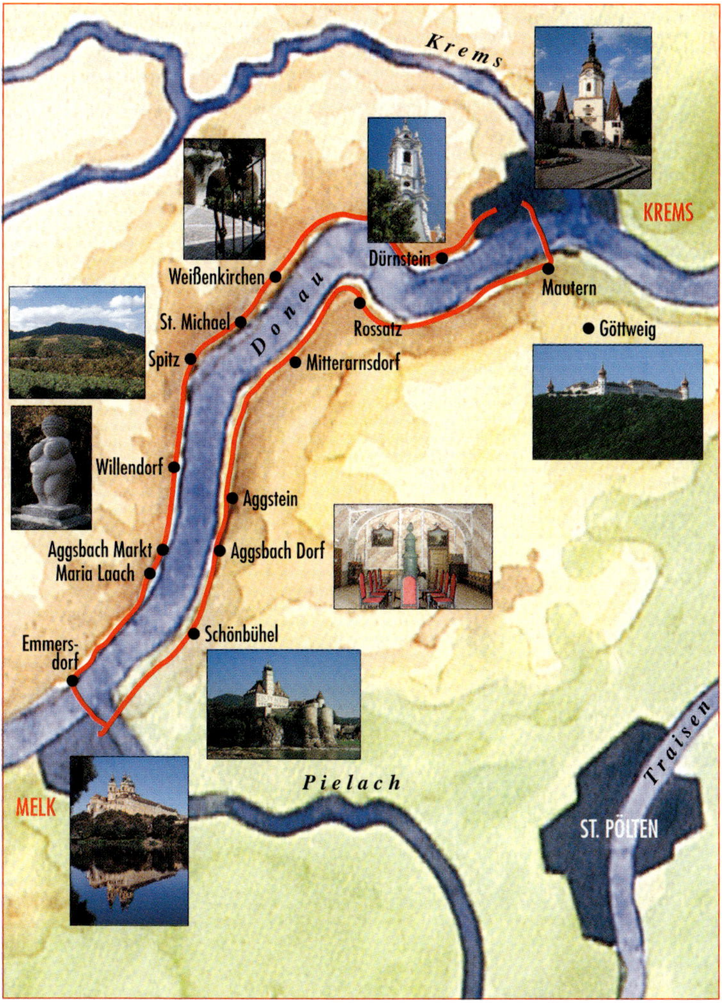

8

Aber lassen Sie sich von all diesen Geschichten und Sehenswürdigkeiten nicht davon abhalten, das zu tun, was man in der Wachau einfach tun muß: Machen Sie Rast, und verkosten Sie zumindest den Wein, der hier so üppig gedeiht. Er prägt diese Landschaft. Ohne ihn wäre die Wachau ein Flußtal wie jedes andere auch.

Ihre Route am Nordufer

Auf dem linken, dem nördlichen Donauufer gibt es eine durchgehend markierte Radroute, die an der Donaubrücke bei Melk beginnt und Sie durch die ganze Wachau, durch Spitz und Dürstein bis nach Krems führt – mitten hinein in die Stadt und auf der anderen Seite wieder hinaus. Dieser Wachau-Radweg verläuft teils neben der Bundesstraße, teils führt er auf einer eigenen Trasse. Durch die Ortschaften müssen Sie die alte Wachaustraße benützen, auf der es aber nur Zubringerverkehr gibt. Einkehrmöglichkeiten gibt es so gut wie in jedem Dorf.

Ihre Route am Südufer

Sie können durch die Wachau auch auf dem rechten Donauufer radeln, um so die weniger bekannten Wachauorte auf dieser Seite kennenzulernen. Die Route ist, zumindest im ersten Abschnitt, etwas hügeliger, ein großer Teil der Strecke muß auf der Straße zurückgelegt werden. Die Markierung ist nicht einheitlich und nicht durchgehend.

Sie bleiben also in Melk auf dem rechten Donauufer (Wegweiser) und radeln auf der Straße durch Schönbühel, Aggsbach-Dorf und St. Johann bis zum Ortsbeginn von Oberarnsdorf. Dort zweigt bei einem Bildstock der Radwanderweg ab, der Sie – markiert – durch die malerischen Ortszentren von Ober-, Hof-, Mitter- und schließlich Bacharnsdorf führt. Nach einem kurzen Stück auf der Straße durchqueren Sie auch noch die Obst- und Weinkulturen von Rossatz, ehe der Radweg wieder in die Straße mündet.

Schloß Schönbühel

In Hundsheim fahren Sie rechts durch den Ort, biegen aber am Ortsende nicht rechts ab, sondern fahren geradeaus durch ein Kleingartengebiet bis nach Mautern.

Wenn Sie sich dort gleich links an der Schnellstraße halten, kommen Sie direkt zur Brückenauffahrt in Richtung Krems-Stein. Richtung Wien ist der Radweg durch Mautern beschildert. Er führt Sie – an allen Sehenswürdigkeiten vorbei – mit eine paar Haken über die Fladnitz zurück auf den Treppelweg an der Donau oder über die neue Brücke hinüber nach Krems.

Auch auf dieser Seite gibt es in regelmäßigen Abständen Einkehrmöglichkeiten.

8

MELK
0 100 200 300 400 500m
© Copyright by schubert & franzke, St. Pölten 1995
Krems
Emmersdorf
Donauuferbahn
Mautern
Donaubrücke
Pionierstraße
Donau
Wachauer Straße
Donaufeld
Seegarten
Klein-Pöchlarn
Schiffsstation (Sonderfahrten)
Uferpromenade
Rollfährenstraße
Lokale Schiffsstation (Ausflugsverkehr)
Pionierstraße
Heirats-wald
Räcking
Gartenpavillon Freilichttheater
Sportanlage des Stiftes Melk
Benediktiner-stift (248)
Stift-parkplatz
Salamannsgraben
Hub-brücke
Rat-hauspl.
Rat-haus
Wiener Straße
Spielberger Straße
Nibelungenlände
Linzer Straße
Haupt-pl.
Kirchen-pl.
Schließfächer u. Radschuppen
Abt-Karl-Straße
BH Melk
Prinzlstr.
Stadtpark
Bahnhf.
Fußgänger-übergang
Lindestraße
Hummelstr.
Abt-Karl-Straße
Volks.- u. Hauptschule
Himmelreichstraße
Wiener Straße
St. Pölten
Fürnbergstraße
Wachaubad
Pöchlarn
WESTBAHN (Linz, Salzburg)
Bahnhof
Bahnzeile
Josef-Büchl-Str.
Evang. Kirche
Prinzlstraße
Dorfnerstraße
Übungsplatz d. Fahrschule
Abt-Karl-Straße

Wissenswertes, Sehenswertes am Nordufer

Der Wein ist zwar kein ausgesprochenes Radfahrergetränk – kosten sollten Sie ihn trotzdem, wenn es sein muß „gespritzt", also mit Soda (richtig) oder mit Mineralwasser (falsch) verdünnt. Aber selbst wenn Sie ein Weinverächter sind, müssen Sie sich bei der Fahrt durch die Wachau zwangsläufig mit dem Wein beschäftigen. Er begleitet Sie.

Die berühmten Weinterrassen geben der Landschaft der Wachau das Gepräge. Viele dieser Terrassen wurden wegen der Mühe, die es macht, sie zu bearbeiten, aufgelassen. Doch neue Methoden des Wegebaus und moderne Arbeitsgeräte haben dazu geführt, daß zahlreiche Terrassenweingärten rekultiviert wurden.

Zwischen den Weingärten und in den Ebenen an der Donau finden Sie ein anderes Charakteristikum der Wachau: Marillenbäume. 160.000 gibt es davon in dieser Region, das ist die Hälfte aller Marillenbäume von Niederösterreich. Im Frühling verwandeln sie die Wachau in ein einziges Blütenmeer.

8

Der erste Ort, den Sie am linken Ufer durchradeln, ist

Schallemmersdorf

Zwischen dieser Ortschaft und

Grimsing

sehen Sie auf einem Felsen am anderen Donauufer Schloß Schönbühel, ein beliebtes Kalenderfotomotiv.

Aggsbach Markt

Gemeindeamt ☎ 02712-214

Aggsbach Markt ist ein typisches Grabendorf der oberen Wachau.

Es liegt am Fuße des 957 Meter hohen Jauerling, des höchsten Berges der Wachau. (An seinen Hängen kann man im Winter sogar Schi fahren – auf präparierten Pisten, mit Lift!)

Maria Laach

Spätgotische Wallfahrtskirche mit gotischem Schnitzaltar und marmornem Hochgrab mit der lebensgroßen, knienden Statue des dort begrabenen Johannes Georg III. von Kuefstein. Die Madonna des Gnadenbildes hat an der rechten Hand sechs Finger.

Willendorf

Der Ort ist durch eine nur 11 Zentimeter große Kalksteinfigur weltberühmt geworden: die Venus von Willendorf. Im Ort hat man der Venus eine stark vergrößerte Statue als Denkmal gesetzt, und zwar dort, wo man sie seinerzeit, beim Bau der Eisenbahn gefunden hat.

Die Dicke aus der Steinzeit

Die Venus von Willendorf, das Figürchen einer nackten, dikken Frau, wurde 1908 beim Bau der Donauuferbahn in einer steinzeitlichen Lagerstätte gefunden. Ihr Alter wird auf 35.000 Jahre geschätzt. Sieben solcher Lagerplätze von Mammutjägern hat man allein in Willendorf ergraben, ein Zeichen dafür, daß die Wachau schon in der Steinzeit besiedelt war.
Das Original der Dicken aus der Steinzeit ist im Naturhistorischen Museum in Wien gelandet. Es ist so kostbar, daß es in einem Safe im Keller verwahrt wird. Auch die in einer Museumsvitrine gezeigte Venus ist nur eine Nachbildung.

Bahn mit Aussicht

Daß die Donauuferbahn unter recht schwierigen Bedingungen auf halber Höhe in den Hang und nicht in Donaunähe gebaut wurde, ist Kaiser Franz Joseph zu verdanken. Er wollte nicht, daß die Wachau und das Donauufer durch die Bahntrasse verschandelt werden. So kann man bei einer Bahnfahrt die Aussicht über das Donautal richtig genießen.

Die Donauuferbahn wurde in zwei Etappen, 1898 und 1909, eröffnet. Sie verbindet Krems mit St. Valentin. Seit die Bahn von der Straße starke Konkurrenz bekommen hat, ist sie von der Einstellung bedroht. Für Radtouristen ist sie aber immer noch eine „ideale" Linie: Sie können sich mit der Bahn zum Ausgangspunkt Ihrer Tour bringen lassen – 20 Haltestellen zwischen Grein und Krems stehen zur Wahl – und auf dem Drahtesel zurückradeln.

Schwallenbach

Ort mit spätgotischer Kirche (wieder mit einem „Kremser Schmidt" und spätbarocker Inneneinrichtung) und spätbarockem Schloß, genannt das „Glöckerl von Schwallenbach".

Wette mit dem Teufel

Hinter Schwallenbach ragt die sagenumwobene Teufelsmauer, ein Felsgrat, aus dem Berghang. Diese Mauer soll der Teufel gezogen haben, um die Kreuzritter und Pilger daran zu hindern, donauabwärts ins Heilige Land zu ziehen. Er hatte mit dem lieben Gott gewettet, daß er die Mauer in einer Nacht fertigstellen würde, doch ein aufgeweckter Hahn hatte zu früh

8

gekräht, die Mauer wurde nie fertig, und Sie können weiter gegen Osten radeln. Den Hahn gibt es noch. Er hat diesen verfrühten Schrei zwar mit dem Leben bezahlt, weil ihn der Teufel mit einem Pfeil durchbohrt hat, aber er sitzt heute noch – samt Pfeil – auf der Kirche St. Johann am anderen Donauufer.

Spitz

Gemeindeamt ☎ 02713-2362 und

Rad-Information ☎ 02713-2363

nach Hofarnsdorf

Spitz, der Zentralort der Wachau, wird vom Burgberg beherrscht. Der freistehende Hügel wird so benannt, obwohl dort nicht einmal die Reste einer Burg, sondern nur Weinstöcke zu finden sind.
Der Burgberg ist daher besser unter dem Namen Tausendeimerberg bekannt, weil die Weinmenge, die dort in guten Jahren gelesen wird, 1000 Eimer, das sind 56.000 Liter, beträgt. Die Ruine etwas abseits von diesem Berg heißt Hinterhaus, zum Unterschied von einer Burg, die in der Nähe der Kirche lag und Vorderhaus hieß. Zu den vielen malerischen Winkeln und Sehenswürdigkeiten, die Spitz zu bieten hat, gehört zweifelsohne die Pfarrkirche, deren Chorraum durch eine Besonderheit auffällt. Er ist aus der Achse des Langschiffes um 20 Grad geknickt. Solche geknickten Kirchen gibt es in Österreich deren sieben, aber bei keiner ist der Knick so stark wie bei der Spitzer Kirche. Noch aus der Bauzeit, der Gotik, dürften die Holzplastiken von Christus und den zwölf Aposteln stammen, die auf der Orgelbrüstung zu finden sind.
Auch historisch weist Spitz eine Besonderheit auf. Es war bis zum Jahr 1504 eine bayrische Enklave mitten in Österreich. Das Gebiet um Spitz war dem Kloster Niederalteich in Bayern von Karl dem Großen geschenkt worden – das erklärt auch die fränkische Art des Weinbaus, nämlich in Terrassen. Verwaltungszentrum des Klosters war der Erlahof, in dem heute ein Schiffahrtsmuseum untergebracht ist.

Wachauerhaus

Tausendeimerberg

Christus mit den 12 Aposteln

Im Erlahof

8

Mit 56 Pferden flußaufwärts

Im Schiffahrtsmuseum in Spitz kann man sich ein Bild davon machen, wie sich die Schiffahrt auf der Donau entwickelt hat und wie schwierig es war, so einen Schiffszug donauaufwärts zu führen.

So ein Schiffszug, der auf den drei Hauptschiffen bis zu 400 Tonnen Waren befördern konnte, war an die 400 Meter lang. Bis zu 56 Pferde waren dafür nötig.

War so ein Zug stromaufwärts unterwegs, so konnte man schon von weitem das Getöse, das Wiehern und Stampfen der schweren Pferde und die scharfen Kommandos des Vorreiters hören.

Dieser Vorreiter, Hohenauer oder Waghals genannt, ritt frei, das heißt ohne Verbindung mit dem Schiffszug, an der Spitze.

Mit einer lange Stange mußte er die Tiefe der einmündenden Flüsse und Bäche und der Donauarme, die zu überqueren waren, ausloten. Auch sonst oblag es ihm, den besten Treppelweg zu finden.

Die eigentlichen Zugpferde waren paarweise an das lange Seil gebunden, das über drei Zillen zum ersten Schiff lief. Dieses Schiff, Hohenau genannt, war auch am Heck mit dem Hauptseil so verbunden, daß es sich nicht querstellen und ans Ufer treiben konnte.

Von der Hohenau aus wurde der Schiffszug kommandiert. Auf dem zweiten und dritten Schiff – „Nebenbei“ und „Schwemmer“ – wurden gleichfalls Lasten befördert. Einige andere Boote, die im Zug mitgeschleppt wurden, dienten lediglich dazu, die Pferde von einem Ufer zum anderen zu bringen.

Über die großen Gefahren eines solchen Schiffszuges heißt es in einem Bericht: „Oft sah man vom Vorreiter und seinem Pferd nur den Kopf aus dem Wasser ragen. Die Knechte, die auf den schweißtriefenden Gäulen ritten, waren oft die längste Zeit bis über die Brust im kalten Wasser. Besondere Gefahren brachte auch das Schiffstau mit sich, das Pferd und Reiter auf den Treppelweg schleudern konnte. In diesem Fall kümmerte sich der Nebenmann wenig um den Verunglückten. Man löste die Versinkenden durch Axthiebe auf das Seil vom Zug und spornte die verbliebenen Rösser umso mehr an. Das Element hatte seine Opfer gefunden.“

Daß so ein Schiffszug bei all diesen Schwierigkeiten nur sehr langsam vorwärts kam, ist verständlich. Von Wien nach Linz benötigte man zwei bis drei Wochen. Heute schafft ein Schiff diese Strecke in weniger als einem Tag.

Der Treppelweg, den Sie ausgebaut und asphaltiert als Radweg benützen, verlief damals einmal links und einmal rechts vom Strom, so daß die Pferde jedesmal ans andere Ufer transportiert werden mußten.

Von Nußdorf ging es über Klosterneuburg bis Altenwörth auf der rechten Seite. Hier setzte der Schiffszug erstmals auf das linke Ufer über. Bei Dürnstein mußte man mit den Rössern zurück ans rechte Ufer nach Rossatz – der Name deutet es an – aber nur bis Aggsbach Dorf, wo man wieder zum linken Ufer wechselte, auf dem der Schiffszug bis zum Felsen von Persenbeug blieb.

Von Ybbs bis Freyenstein gab es keine Probleme, dann aber wurde es kompliziert: Bei hohem Wasserstand konnten die Schiffe durch den ausgesprengten Felskanal zwischen dem Haussteinfelsen und dem Ufer und durch den Hößgang geschleust werden, bei niedrigem Wasserstand mußte vor St. Nikola die Übersetzung ans andere Ufer gewagt werden. Beim Langenstein wurde „ausgeschlagen“, das heißt, das Seil

wurde auf das Fünffache verlängert, und die Schiffe wurden von der Straße des Ortes Struden aus über die Wirbel gezogen. Dann erfolgte die Überfahrt auf den Treppelweg der Insel Wörth bis zur Nordeinfahrt in den Hößgang, wo man wieder das rechte Ufer erreichte. Bei Tiefenbach wurde das letzte Mal auf das linke Ufer übergesetzt, bevor bei Dornach das schwierige Stromtal endete.
Trotz dieser Mühsal war die Zahl der Schiffstransporte beachtlich. Aus Passau wird berichtet, daß dort im Jahre 1566 allein 520 Weinschiffe mit 200.000 Hektoliter Wein aus Niederösterreich entladen wurden.
Mit der Erfindung des Dampfschiffes ging die Zeit der Schiffszüge rasch zu Ende.
Etwa zur Zeit, als der erste Dampfer auf dem Hudson in Nordamerika verkehrte (1807), wurde in Österreich bereits die Idee einer Schiffspost auf der Donau geboren. Doch es dauerte bis 1830, ehe der erste Dampfer auf der Donau gesehen wurde. „Franz I.“, das erste Schiff der 1829 gegründeten DDSG, benötigte für die Strecke Budapest–Wien 48 Stunden.
1837 fuhr der erste Personendampfer, die „Maria Anna“, von Wien nach Linz. Zwar unkten damals die Schiffsleute: „Die Donau veträgt keine Maschin’, die hat ihre Mucken. Einmal rinnt ’s Wasser dort, einmal da. Eine Maschin’ wird der anderen die Rippen einstoßen, und dann werden sie uns wieder bitten zu fahren. Denn wenn wir auch langsam fahren, kommen wir doch immer an.“
Die „Maschin’“ hat sich dennoch durchgesetzt. Hunderte Schiffsknechte und Schiffsbauer wurden innerhalb kürzester Zeit brotlos.
Ein Kuriosum wurde 1869 eingeführt: die Kettenschiffahrt. Sie sollte den schweren Frachtschiffen die Fahrt gegen die Strömung erleichtern. Kettenschiffe waren normale Raddampfer, doch lief eine schwere Kette, die in der Mitte des Stromes lag, von vorn nach hinten über das Deck; an dieser Kette zog sich das Schiff bergwärts.
1883 reichte die Kette von Preßburg bis Spitz, 1884 bis Pöchlarn und 1886 bis Ybbs. Zehn Jahre später wurde die Kettenschiffahrt eingestellt.

Trotz dieser rasanten Entwicklung, die die Dampfschiffahrt nahm, blieb ein Verkehrsmittel auf der Donau noch lange bestehen: das Floß. Das letzte legte 1953 von Spitz ab.

St. Michael

Die Kirche von St. Michael, vom Bistum Passau schon im 10. Jahrhundert errichtet, war bis ins 14. Jahrhundert die einzige Pfarre im Donautal. Die Anlage war geistiges Zentrum und Schutzburg zugleich, der wehrhafte Charakter des Gotteshauses ist auch heute noch zu erkennen.

Die sieben Hasen

Auf dem Dach der Kirche von St. Michael sitzen sieben Hasen, die sich der Sage nach bei hoher Schneelage auf den First

geflüchtet, dann aber ein plötzlich einsetzendes Tauwetter verpaßt haben. Nach einer anderes Deutung soll sich der Dachdecker Siebenhaas hier verewigt haben. Wieder andere meinen, es handle sich gar nicht um Hasen, sondern um Rehe und Pferde oder um die „wilde Jagd“, als Abwehrzauber gegen böse Geister.

8

Da St. Michael nicht nur die einzige Pfarre war, sondern lange Zeit auch den einzigen Friedhof der Wachau hatte, kommt dem Karner große Bedeutung zu. Acht Meter hoch, heißt es, sind im Keller die Knochen und Totenschädel aufgeschlichtet. Ein Teil der Gebeine ist im Karner zu einem makabren Altar aufgefügt.

An den Totenköpfen fällt auf, daß sich darunter besonders viele „Kreuzköpfeln" befinden, Schädel, bei denen die Pfeilnaht bis zum Stirnbein reicht. Dieses Phänomen trete bei besonders gescheiten Leuten häufig auf, meint die Volksmedizin, und jeder Wachauer wird das bestätigen.

Gleichfalls im Karner sind durch den Donausand versteinerte Mumien (datiert 1150–1300) zu sehen und drei Sparsärge, wie sie der Reformkaiser Joseph II., der Sohn Maria Theresias, einführen wollte, um Holz zu sparen und um die Begräbniskosten zu senken. Diese Särge haben am Boden eine Klappe, durch die man die Leiche im Grab ablegte. Der Sarg wurde dann wieder heraufgezogen und für ein anderes Begräbnis verwendet.

Mitten durch die Weingärten geht es weiter nach

Wösendorf

In der Pfarrkirche gibt es eine Rarität zu sehen: ein Deckenfresko des „Kremser Schmidt", auf dem ein Heiliger eine Brille trägt – eine Erfindung der damaligen Zeit. im Ort gibt es Lesehöfe der Stifte Schlägl (OÖ), Garsten (OÖ), St. Florian (OÖ), Melk und natürlich Passau. Das deutet darauf hin, daß hier einst das Zentrum des Weinbaus war – und heute noch ist.

Joching

Aus diesem Weinort kam der Wein, der beim Festbankett anläßlich der Unterzeichnung des Staatsvertrages kredenzt wurde. Aus Joching bezogen einst auch die Augustiner-Chorherren in St. Pölten ihren Wein. Ihr Weingut, der Pöltingerhof, ist nach der Barockisierung durch Jakob Prandtauer als Prandtauerhof bekannt.

Riesling

Aus dem Weinbaugebiet zwischen Joching und Weißenkirchen stammt auch die in Österreich besonders beliebte Weinsorte „Riesling". Sie soll nach dem Ritzlingbach benannt sein, den Sie auf der Fahrt nach Weißenkirchen überqueren. Die Rebsorte, 1300 hier erstmals gezogen, wurde im Mittelalter an den Rhein verpflanzt, von wo sie in modifizierter Form als „Rheinriesling" in ihr Ursprungsland zurückgekehrt ist.

Ausg'steckt is'!

Zum Wein, der hier so prächtig gedeiht, gehören auch die typischen Weinschenken, die „Heurigen". Ein grüner Reisigbuschen oder – hier in der Wachau – ein aus Stroh geflochtener Stern sind das Zeichen dafür, daß ein Hauer „ausg'steckt" hat, das heißt, daß er seinen eigenen Wein (und nur den) ausschenkt.

„Heuriger", das ist einerseits das Lokal, in dem der Hauer seinen selbstgekelterten Wein ausschenkt, „Heuriger" ist aber auch der Wein der letzten Lese, der durch die neue Ernte automatisch zum „Alten" wird.

Zum Unterschied von anderen Ländern, wo man den Liter in Zehntel oder „Dezi" unterteilt, werden in Österreich Achtel,

8

Viertel, Halbe oder auch Doppelliter, liebevoll „Zwiemandl“ genannt, ausgeschenkt, wobei alles, was unter einem halben Liter ist, im Diminutiv bestellt wird: „ein Vierterl, ein Achterl“, so als müßte man sich für so eine kleine Bestellung

genieren. Wer viel Flüssigkeit, aber wenig Wein zu sich nehmen will – etwa durstige Radfahrer –, bestellt zum Wein Mineralwasser oder gleich einen „G’spritzen, also ein Achterl Wein auf ein Viertel aufgespritzt“. (Früher geschah das mit Sodawasser, daher das „Spritzen“.)

Um über all die verschiedenen Weinsorten Bescheid zu wissen, bedarf es eines Hochschulstudiums plus vieler Semester Übung. Für den Hausgebrauch genügt es zu wissen, daß auf der Getränkekarte die leichteren und spritzigeren (süffigeren) Weine ganz oben stehen. Je weiter Sie nach unten kommen, umso schwerer, süßer, blumiger und teurer wird es.

Das heißt aber nicht, daß der Wein, der auf der Getränkekarte ganz unten steht, auch der beste ist. Objektiv an Klosterneuburger Graden und Goldmedaillen gemessen vielleicht, aber letzten Endes ist der Wein der beste, der Ihnen am besten schmeckt. Und dazu brauchen Sie keine Klosterneuburger Mostwaage. (KMW).

Sie sagt ja nur, wieviel Prozent Zucker ein Liter Most enthalten hat. 20 Klosterneuburger Grade würde heißen, daß 200 g Zucker in einem Liter Most enthalten waren.

(Da andere Länder in Oechsle messen, hier der Umrechnungsschlüssel: 1° KMW sind 5° Oechsle.)
Ist das mit den Graden überhaupt wichtig? Doch! Denn nach den Klosterneuburger Graden wird die Qualität eines Weines bestimmt. Qualitätswein darf sich nur nennen, was mindestens 17° KMW aufweist.
Wein, der aus Most mit diesem Zuckergehalt gewonnen wurde, darf die Qualitätsbezeichnung „Kabinett“ tragen.
„Spätlese“, das ist Wein aus vollreifen Trauben, die erst nach der Hauptlesezeit der betreffenden Sorte geerntet werden. 19° KMW sind das Minimum.
„Auslese“ ist Wein aus auserlesenen Trauben. Alle nicht vollreifen, kranken oder fehlerhaften Beeren sollen vor dem Pressen ausgeschieden werden. Der Most muß 21° KMW aufweisen.

„Beerenauslese“ wird aus einer Auswahl überreifer und edelfauler Trauben gewonnen, die in guten Lagen gelesen werden – 25° KMW.
„Ausbruch“ ist Wein aus überreifen, auf natürliche Weise eingetrockneten Beeren, unter Zusatz von frischgekeltertem Traubenmost derselben Sorte und Lage – 27° KMW.
„Trockenbeerenauslese“ schließlich ist Wein aus edelfaulen, rosinenartig eingeschrumpften Beeren mit einem Mostgewicht von mindestens 30°.
Bleibt noch der „Eiswein“, der aus Beeren gewonnen wird, die mindestens einmal gefroren waren. Am Stock, versteht sich.
Sinn dieser Edelfäule, Trocknungsprozesse und Gefriererei: das Verhältnis Flüssigkeit : Zucker wird in den Trauben zugunsten des Zuckers verändert. Ausgesprochene Spezialitäten der Wachau sind die Kategorien „Steinfeder“ ein relativ leichter Wein mit maximal 10,7° KMW, „Federspiel“ , 17° KMW bis maximal 11,9° KMW, und „Smaragd“ – 18,2° KMW.
Sie sehen schon, wie sinnlos es ist, sich strikt an Sortenbezeichnungen zu halten. Ein Grüner Veltliner aus dem nördli-

8

chen Niederösterreich wird anders schmecken als einer aus der Wachau. Kosten ist daher der einzige Weg, um herauszufinden, welcher Wein schmeckt.
Zum Wein gehört, das wissen auch die Anfänger, eine gewisse „Unterlage“, das heißt etwas zum Essen.
Beim Heurigen gibt es daher auch immer ein zumindest kleines Buffet mit Wurst, Käse oder Aufstrichen. In der Wachau wird in den Weinschenken, aber auch in allen Gasthäusern, dazu noch eine besondere Spezialität gereicht: das Wachauer Laberl. Dieses aus dunklem Mehl hergestellte, meist handtellergroße knusprige Gebäck von zarter Bräune ist zwar weit über die Grenzen der Wachau hinaus bekannt und beliebt, doch gibt es nur wenige Bäckereien, die es nachmittags (zum Dämmerschoppen) und auch sonntags frisch anbieten. In der Wachau ist das jedoch der Fall.

Weißenkirchen

Fremdenverkehrsstelle ☎ 02715-2221
Rad-Information ☎ 02715-2600

nach St. Lorenz

In Weißenkirchen fällt schon von weitem die mächtige, über dem Ort thronende Kirche auf, zu der ein gedeckter Stiegenaufgang führt. In der Kirche, die eigentlich aus drei nebeneinanderstehenden Kapellen „zusammengeflickt“ wurde, gibt es zahlreiche Kunstschätze, darunter die „Schutzmantelmadonna“ und die Kanzel mit den vier geschnitzten Evangelisten.

Glockenklang

Die Glocke der Kirche – vielleicht haben Sie Glück und sie läutet gerade – soll noch schöner klingen als jene des mächtigen Stiftes Göttweig. Deshalb soll versucht worden sein, Nägel in die 1455 gegossene „Frauenglocke“ zu schlagen, um ihren Klang zu mindern – eine Sage, die die 23 Münzen erklärt, die in die Glocke eingegossen wurden.

Neben der Kirche steht das älteste Schulgebäude Niederösterreichs. Die wohlhabenden Weißenkirchener haben es schon 1385 eingerichtet. Und unterhalb der Kirche finden Sie den berühmten Teisenhoferhof, den schönsten Renaissancehof der Wachau.

Bürgermeister in Not

Heinrich Teisenhofer, einstiger Besitzer und Namensgeber dieses Renaissancehofes, war Bürgermeister und Stadtrichter von Weißenkirchen. Als er sich im Amt verspekuliert hatte, wurde er abgewählt und sein Vermögen zur Schadensgutmachung herangezogen (ein Vorgehen, das man sich manchmal auch heute wünschen würde). Von Teisenhofers Witwe ist bekannt, daß sie Bettelbriefe an Fürsten und Bischöfe schreiben mußte, um sich und ihre Kinder durchzubringen.

Im Teisenhoferhof

Dürnstein

Gemeindeamt ☎ 02711-219

Rad-Information ☎ 02711-200

nach Rossatz

Stiftsführungen täglich von 9–12 und 13–18 Uhr. Voranmeldung unter ☎ 02713-375

Der Mann, der Dürnstein weltberühmt gemacht hat, hieß Hieronymus Übelbacher und war Abt eines gotischen Stiftes, das er selbst als „finsteres Loch" bezeichnete. Der Abt hatte zwar keine Geld, aber eine Vision. Er wollte das Stift niederreißen und durch einen barocken Neubau ersetzen. Um zu Geld zu kommen, baute er den Weinhandel seines Klosters aus, errichtete mit dem Verdienst sich selbst zunächst ein Kellerschlößchen in den Weingärten (in der Nähe des Bahnhofes) und dirigierte angeblich von dort den Umbau seines Stiftes. Weil ihm dabei das Dach des mächtigen, inzwischen zu einem Getreidespeicher umgebauten Klarissinnenklosters die Sicht auf seinen neuen Kirchtum verstellte, ließ er es einfach abtragen. Die Ruine blieb bis heute ohne (sichtbares) störendes Dach.

Daß mit dem Bau nur die „wohl fürnehmsten" Baumeister beschäftigt wurden, allen voran Joseph Munggenast, davon können Sie sich bei einer Führung durch das Stift und die Stiftskirche überzeugen. Von den Deckenstukkaturen, die der italienische Künstler Sentino Bussi in knapp drei Monaten schuf, bis hinunter in die Gruft, vom Kreuzgang mit seinem fast schon kitschigen Heiligen Grab, das ein berühmter Theaterarchitekt schuf, bis hinauf zu den Kaminverkleidungen auf dem Dach stammt jedes Detail von Meisterhand.

König Richard Löwenherz

Dürnstein, Stich aus 1649

Daran kommen Sie in Dürnstein sicher nicht vorbei: An der rührenden, aber historisch unrichtigen Geschichte von König Richard Löwenherz und seinem treuen Sänger Blondl. Der Sänger soll auf der Suche nach

seinem Herrn, der bei der Rückkehr von einem Kreuzzug in Österreich gefangengenommen worden war, vor jeder Burg ein Lied gesungen haben, das nur er und sein König kannten. In Dürnstein klang die zweite Strophe aus dem Verlies, der König war gefunden.
Tatsächlich wurde Richard Löwenherz in Dürnstein 1192/93 gefangengehalten, weil er sich während eines Kreuzzugs mit Herzog Leopold V. überworfen hatte. Das Lösegeld, das man für den König kassierte, war beachtlich: 150.000 Mark Silber, was 35.000 Kilo dieses Edelmetalls entsprach. Mit dem Geld wurden die Stadtmauern von Bruck an der Leitha, Hainburg an der Donau und Wiener Neustadt gebaut bzw. erweitert.
Die Burg, in der Richard Löwenherz gefangen lag, wurde 1645, im Dreißigjährigen Krieg, von den Schweden zerstört. Sie ist schon des Ausblicks wegen wert, bestiegen zu werden.

Oberloiben/Unterloiben

Buschenschenken

In Oberloiben wurde 1805 Geschichte gemacht. Hier erlitten die Franzosen im Dritten Koalitionskrieg ihre erste Niederlage gegen die verbündeten Österreicher und Russen. Doch die Schlacht, bei der es Tausende Tote und Verwundete gab, hatte keine kriegsentscheidende Bedeutung: Napoleon rückte trotz der Niederlage seines Generals Mortier mit der Hauptarmee am anderen Donauufer unbehelligt gegen Wien vor, so daß die Franzosen „Durrenstein" am Arc de Triomphe sogar als Ort eines Sieges verewigten. Das Denkmal, das zwischen Dürnstein und Oberloiben errichtet wurde, hält sich hingegen an die historischen Fakten.

Kyselak was here

Kyselak, der Name ist Ihnen vielleicht schon einmal aufgefallen. Joseph Kyselak hat – die einen sagen: aus krankhafter Geltungssucht, die anderen meinen: wegen einer Wette – in der Monarchie von sich reden gemacht, weil er seinen Namen

an allen möglichen und unmöglichen Orten hinterließ. Er war sozusagen der erste all jener Kritzler und Ritzer, die ihren Namen, mit der Floskel „was here“ verbunden, an touristisch interessanten Plätzen verewigen wollen. Kyselak tat's mit einer Schablone hundert- und tausendfach. Angeblich wurde die Schmiererei sogar dem Kaiser zu bunt, so daß er Kyselak zu sich zitierte und ihm ins Gewissen redete, die Schmierereien zu unterlassen. Doch nach der Audienz prangte auch auf des Kaisers Schreibtisch das ominöse „Kyselak“.
In der Wachau jedenfall finden Sie den Schriftzug auf einer Felsnase zwischen Loiben und Stein.

Donaubrücken

Die Donaubrücke zwischen Stein und Mautern, 1463 aus Holz errichtet, war bis zum Ende des 15. Jahrhunderts der einzige feste Donauübergang zwischen Wien und Passau. Erst dann kam eine weitere Verbindung, die Donaubrücke bei Linz, hinzu. 1895 wurde der „hölzerne Godan“, wie man die Brücke bis dahin nannte, durch eine Eisenkonstruktion ersetzt.

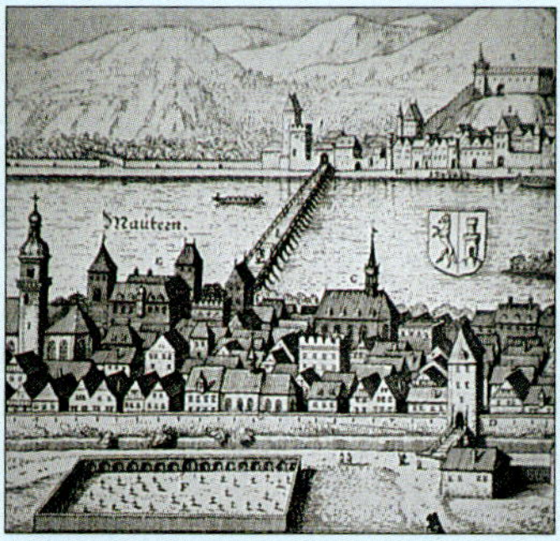

Die Mauterner Brücke 1648

Eine Donaubrücke zwischen Ybbs und Persenbeug war zwar wiederholt im Gespräch, wurde jedoch nie gebaut. So wollte 1536 der Besitzer der Herrschaft Persenbeug auf eigene Kosten eine Brücke schlagen lassen, doch die Städte Krems und Stein stemmten sich gegen diese Pläne.
Als 1810 neuerlich eine Brücke bei Ybbs in Erwägung gezogen wurde, erhob Kaiser Franz I. dagegen Einspruch, weil er fürchtete, die Ruhe seines Sommersitzes in Persenbeug könnte dadurch gestört werden.

Schlemmerwinkel

Die Orte Dürnstein, Mautern und Kleinwien bei Göttweig bilden die Eckpunkte eines kulinarischen Dreieckes, das in Österreich einmalig ist. In keinem anderen Gebiet vergleichbarer Größe gibt es so viele mit „Hauben" ausgezeichnete Gastronomiebetriebe wie in diesem Wachauer Schlemmerwinkel. Dabei ist die Küche, die dort geboten wird, durchaus bodenständig, aber nicht deftig, so daß sie sich aufs beste mit den leichten, süffigen Weinen der Region verträgt.

Krems/Stein

Fremdenverkehrsstelle im Kloster Und, Undstraße 6, ☎ 02732-82676

Waldviertelweg nach Senftenberg und Altenburg, Weinviertelweg nach Retz, Weinbergweg nach Herzogenburg

Imbach. Früheste gotische Hallenkirche und älteste erhaltene zweischiffige Kirche in Österreich

Langenlois-Gobelsburg. Berühmter Weinort mit sehenswerten Bürgerhäusern

Schloß Grafenegg. Einziger Schloßbau des Historismus in Österreich, Schloßpark mit exotischem Baumbestand

8

Stein war als Stadt stets selbstständig, ist aber bereits seit 1250 verwaltungstechnisch mit Krems verbunden.

Zu den zahlreichen Sehenswürdigkeiten dieser Stadt zählen neben den beiden Stadttoren, dem Linzer und dem Kremser Tor, vor allem die Kirchen:

Die Pfarrkirche mit Gemälden des „Kremser Schmidt", die Frauenbergkirche auf einem Felsen oberhalb der Pfarrkirche und die ehemalige Minoritenkirche, heute eine Museum.

Stein: Passauerhof

Der „Kremser Schmidt“

Knapp vor Stein liegt zwischen Radweg und Schnellstraße der Förthof, einstmals Anlegeplatz der Überfuhr. Hier wohnte der Vater des „Kremser Schmidt“, Johann Schmidt, selbst ein Künstler, der in Dürnstein und Krems als Holzschnitzer und Bildhauer tätig war. Ein Stückchen weiter, gleich hinter dem Linzer Tor in Stein, liegt das eigentliche Wohnhaus des Barockmalers Martin Johann Schmidt, eben des „Kremser Schmidt“, der 1718 in Grafenwörth geboren wurde.

Der Künstler, der nicht viel vom Reisen hielt, hat hier viele seiner Werke geschaffen. Um mit den großen Tafelbildern leichter zurechtzukommen, gab es in dem Haus in der Zwischendecke zum ersten Stock einen großen Schlitz, durch den die Leinwand geschoben werden konnten.

Martin Johann zeigte sein künstlerisches Talent schon sehr früh. Für einige Zeit ging er bei dem Maler J. G. Starmayer in die Lehre, doch der Lehrbub war seinem Meister weit überlegen. So etwa hat der Lehrbub den Sitzungssaal des Rathauses in Retz mit kleinen Engelsfiguren geschmückt. Den einzigen Engel, den der Meister an die Wand gepinselt hat, erkennt man heute noch auf Anhieb. So sehr fällt er in Form und Farbe vom Werk des Lehrbuben ab.

Martin Johann Schmidt wurde zum Maler der niederösterreichischen Dorfkirchen. Das religiöse Andachtsbild war sein Metier. Für 140 Orte allein in Niederösterreich malte er etwa 450 Bilder, dazu Fresken und andere Werke in Stiften und Klöstern. Insgesamt hat der „Kremser Schmidt“ in seinen 82 Lebensjahren über 1100 Werke geschaffen. Er starb 1801 in Stein.

Daneben gibt es in Stein eine Fülle von beachtlichen Häusern mit schönem Fassadenschmuck. So das Mazettihaus, in dem jener Ludwig Köchl wohnte, der mit der Kartierung von Mozarts Werken, eben dem Köchl-Verzeichnis, in die Musikgeschichte eingegangen ist. Oder den großen und den kleinen Passauerhof, typische Renaissancebauten, den Pfarrhof mit seinen reichen Stuckarbeiten oder das Haus des „Kremser Schmidt", das knapp hinter dem Linzer Tor liegt, durch das Sie in die Stadt gekommen sind.

Scherzfrage

Was liegt zwischen Krems und Stein?

Das ist eine Scherzfrage, die man Besuchern der Doppelstadt gerne stellt. Die Antwort muß natürlich „und" lauten.
Doch damit ist nicht das Bindewort gemeint, sondern der Stadtteil Und, den es tatsächlich gibt, ebenso wie die Undstraße und das Kloster Und, das erst kürzlich renoviert und zu einer Informationsstelle und einem Weinkolleg umgebaut wurde. Richtig müßte es also heißen: Krems, Und und Stein. (Der seltsame Name leitet sich übrigens aus dem Lateinischen her: Das Kloster trug den Beinamen „ad undas" – an den Wellen.)

8

Wie Stein ist auch Krems angestopft mit Sehenswürdigkeiten. Dennoch kann man die Stadt nicht besichtigen wie ein Museum, Krems muß man erleben! Denn die Stadt an der Donau ist nicht nur voller Kultur, sondern auch voll Leben.
Das erste, was Sie auf Ihrer Tour zu Gesicht bekommen, ist das Steiner Tor, wohl die bekannteste Sehenswürdigkeit und gleichzeitig das Wahrzeichen von Krems. 1480 erbaut, ist es das letzte imposante Relikt der einstigen Stadtbefestigung, die Mitte des vorigen Jahrhunderts geschleift wurde, um die Stadterweiterung nicht zu behindern. Im Tor eingelassen findet sich der Schmuckstein mit den Buchstaben „A.E.I.O.U.1480", die Abkürzung des Wahlspruchs Kaiser Friedrichs III.: „Austria est imperare orbis universo" – Alle Erde Ist Österreich Untertan.

Krems: Altes Portal

Krems: Mesnerhaus

8

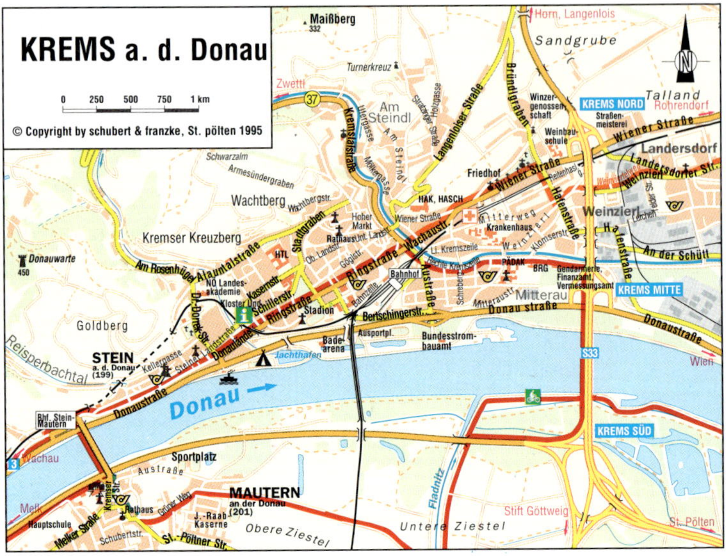
KREMS a. d. Donau
0 250 500 750 1 km
© Copyright by schubert & franzke, St. pölten 1995
Maißberg
332
Horn, Langenlois
Sandgrube
Turnerkreuz
Zwettl
37
Am Steindl
Kremstalstraße
Langenloiser Straße
Bründlgraben
Winzergenossenschaft
Weinbauschule
KREMS NORD
Straßenmeisterei
Talland
Rohrendorf
Wiener Straße
Landersdorf
Landersdorfer Str.
Schwarzalm
Armesündergraben
Wachtberg
Friedhof
HAK, HASCH
Krankenhaus
Mitterweg
Weinzierl
Hafenstraße
Kremser Kreuzberg
Hoher Markt
Rathaus
Stadtgraben
HTL
Alauntalstraße
Am Rosenhügel
Donauwarte
450
Ringstraße
Wachaustr.
Bahnhof
Austraße
PÄDAK
BRG
Gendarmerie, Finanzamt, Vermessungsamt
KREMS MITTE
An der Schütt
NÖ Landesakademie
Kasernstr.
Schillerstr.
Ringstraße
Stadion
Goldberg
Dr.-Dorrek-Str.
Donaulände
Bertschingerstr.
Mitterau
Donaustraße
Bundesstrombauamt
Badearena
Ausportpl.
Jachthafen
STEIN
a. d. Donau
(199)
Reisperbachtal
Kellergasse
Donaustraße
Donau
S33
Wien
Bhf. Stein-Mautern
3
Wachau
Sportplatz
Austraße
KREMS SÜD
MAUTERN
an der Donau
(201)
Melk
Hauptschule
Rathaus
Melker Straße
Kremser Str.
J.-Raab-Kaserne
Obere Ziestel
Untere Ziestel
Fladnitz
Stift Göttweig
St. Pölten
Schubertstr.
St.-Pöltner Str.

Durch die Landstraße (Fußgängerzone) müssen Sie wieder schieben, denn dort und in der unmittelbaren Umgebung finden Sie die Sehenswürdigkeiten von Krems dicht gedrängt. So das Rathaus und das Göglhaus, mit schönen spätgotischen Erkern, oder oben am Hohen Markt die Gozzoburg, die keine Burg, sondern die Wohnung des wohlhabenden Finanzverwalters Gozzo war, das alte Rathaus, das große und das kleine Sgraffitohaus oder das Institut der Englischen Fräulein.
Ein nicht weniger sehenswertes Ensemble befindet sich mit dem Mesnerhaus und dem „Haus zu den vier Jahreszeiten" in der Nähe der Dominikanerkirche, in der heute das Historische und das Weinbaumuseum der Stadt Krems untergebracht sind.

Vielseitig

Die Dominikanerkirche hat schon zweimal den Wandel vom Sakral- zum Profanbau überstanden. Die Patres haben sich nämlich als strenge und mitunter grausame Inquisitoren keinen guten Namen gemacht. Deshalb vertrieb man sie in der Reformationszeit aus Kirche und Kloster. Ihre Zellen wurden zu Wohnungen adaptiert, die Kirche wurde als Pulvermagazin benützt.
Im Zuge der Gegenreformation kamen die Patres wieder und blieben, bis Joseph II. 1785 das Kloster aufhob. In der folgenden Periode diente die Kirche nacheinander als Getreidespeicher und Bierdepot, bekam Ende des 19. Jahrhunderts mitten durch die Fresken eine Zwischendecke eingezogen, um Platz für ein Museumsdepot und einen Schnürboden für das darunterliegende Theater zu schaffen, wandelte sich zum Kino und schließlich zum Feuerwehrdepot. „Es war ein seltsamer Anblick", erinnern sich ältere Kremser, „wenn die Schläuche zum Trocknen aus den gotischen Maßwerkfenstern hingen und Feuerwehrautos durch die romanischen Portale aus und ein fuhren."

Von der Lage her vielleicht noch prominenter als die Dominikanerkirche, thront eindrucksvoll die Jesuitenkirche oberhalb der Pfarrkirche über der Stadt. Sie ist die älteste Kirche von Krems. Das Jesuitenkolleg wiederum ist das älteste Bildungsinstitut der Stadt. 1776 von den Piaristen übernommen, ist es zugleich ein Symbol für die Schulstadt Krems, in der Tag für Tag über 8000 Schüler zusammenströmen und auf Straßen, Plätzen und in Lokalen für Leben sorgen.

Scharfe Beobachter werden in der Pfarrkirche eine Besonderheit entdecken: zwei Seitenaltäre, die auf den ersten Blick vollkommen gleich aussehen, in Wahrheit aber von verschiedenen Künstlern für verschiedene Kirchen geschaffen wurden – der eine für die Pfarrkirche, der andere für das Kapuzinerkloster in Und. In der Kirche können Sie auch Vergleiche zwischen der Arbeit des „Kremser Schmidt“ und jener seines mit ihm nicht verwandten Namensvetters Johann Georg Schmidt, genannt der „Wiener Schmidt“, anstellen.

Scheuen Sie sich nicht, bei Ihrem Bummel durch Krems auch die Innenhöfe der Häuser zu betreten, sie bergen manchen architektonischen Schatz.

Pantoffelhelden

In der Unteren Landstraße steht ein kurioses Denkmal, das allerdings erst 1929 entstanden ist: der Simandlbrunnen. Er ist ein Denkmal für alle Kremser Pantoffelhelden, die ja im Volksmund bekanntlich „Simandl“ genannt werden, angeblich nach dem Kremser Bürger Simon Handl, der sich in seiner Not an den Kremser Stadtrat wandte, da er selbst nicht in der Lage war, sich der Prügel seiner Ehefrau zu erwehren. Voll Mitleid, weil er in seinem Elend nicht allein dastand, gründete sich in Krems eine Bruderschaft geplagter Ehemänner, die später diesen Brunnen errichten ließ.

Wissenswertes, Sehenswertes am Südufer

Schönbühel

Gemeindeamt ☎ 02752-8311

Das Kloster Schönbühel, auf einem 40 Meter hohen Felsen direkt über dem Strom gelegen, zählt zusammen mit „Kuh und Kalb" – zwei Felsbuckeln im Strom – sicher zu den meistfotografierten Motiven im Donautal. Das Kloster wurde aber nicht nur wegen seiner Lage berühmt, sondern auch wegen seiner Nachbildung der Geburtsgrotte Jesu in Bethlehem und des Heiligen Grabes in Jerusalem. Konrad Graf Starhemberg ließ deswegen 1670 eigens einen Franziskaner ins Heilige Land reisen, um genaue Pläne der Gnadenstätten zu bekommen, nach denen er Kirche und Kloster in Schönbühel errichtete.

Das Schloß Schönbühel ist heute in Privatbesitz. Es kann nicht besichtigt werden.

Aggsbach Dorf

Gemeindeamt ☎ 02753-8269

Maria Langegg. Barocke Wallfahrtskirche mit gemaltem Hochaltar

8

Kartause Aggsbach: Refektorium

In Aggsbach Dorf können Sie heute noch die Reste einer Kartause und die dazugehörige Kirche besichtigen. Beides, Kirche und Kloster „Marienpforte“, entstanden 1392. Ihre Blüte aber erlebte die Kartause im 15. Jahrhundert, als die Mönche hauptsächlich wissenschaftlich tätig waren und zu diesem Zweck eine große Bibliothek einrichteten. Über den Bücherschatz weiß man allerdings nur aus einem Katalog Bescheid, den die Mönche angelegt haben. Die Bücher selbst wurden in alle Welt zerstreut, nachdem das Kloster unter Kaiser Joseph II. aufgehoben worden war. Auch die wertvollen Kunstschätze schaffte man fort, darunter den Hochaltar von Jörg Breu d. Ä., von dem einige Tafeln im Chorherrenstift Herzogenburg aufbewahrt werden.

Ein Großteil der Anlage mit den Mönchszellen wurde überhaupt abgebrochen, vom Kreuzgang blieb nur ein Flügel erhalten. Der Torturm, der Prälatentrakt, die Mühle und der Kornkasten stammen von einem Umbau Ende des 16. Jahrhunderts.

Das „Rosengärtlein“ von Aggstein

Berühmter als die Kartause von Aggsbach und vielleicht die brühmteste Burg an der Donau überhaupt ist die Ruine Aggstein, wohl wegen der schaurig-schönen Geschichten, die sich um dieses einst mächtige Bauwerk ranken. Hier hauste das angesehene Geschlecht der Kuenringer, das in Niederösterreich viele Besitzungen hatte und vom Landesherrn immer wieder mit Ehrenämtern überhäuft und mit heiklen Missionen betraut wurde.

Allerdings waren nicht alle Kuenringer ehrenhaft. Einer von ihnen, Hadmar III., der unter dem selbstgewählten Namen „der Hund von Kuenring“ als Raubritter in Sagen und Geschichten eingegangen ist, legte es sich mit dem

Landesherrn an und mußte daraufhin die Erfahrung machen, daß seine Raubburg nicht uneinnehmbar war.
Den gleichen Fehler, nämlich sich auf die Stärke der Burg zu verlassen, machten nach ihm noch drei andere Burgbesitzer, und jedesmal wurde Aggstein eingenommen und zerstört.
Unter den Aufmüpfigen war auch jener Georg Scheck vom Walde, genannt der „Schreckenwald“, der bei Aggstein eine Kette über die Donau gespannt haben soll, mit der er alle Schiffe stoppte, um sie hinterher auszurauben. Er soll auch das „Rosengärtlein“ angelegt haben, eine Art Balkon hoch über der Donau. Dort setzte er seine Gefangenen aus, denen dann nur die Wahl blieb, zu verhungern oder sich in die Tiefe zu stürzen.
Allerdings verweisen viele Historiker die Geschichte vom „Rosengärtlein“ ins Reich der Sage. Sie meinen, der Platz sei erst nachträglich, nämlich fünzehnhundertundetliches angelegt worden, also hundert Jahre nach der Zeit, in der der Scheck von Aggstein aus Schrecken verbreitete.

Das kleine Kirchlein der Ortschaft St. Johann ist ein uralter Wallfahrtsort, zu dem man – wohl in Verbindung mit dem abgeschlagenen Haupt des hl. Johannes – pilgerte, wenn man von Kopfweh geplagt wurde.

St. Johann liegt bereits in der Gemeinde
Rossatz

Gemeindeamt ☎ 02714-217

nach Dürnstein

8

Zu dieser Gemeinde gehören auch die Orte Ober-, Hof-, Mitter- und Bacharnsdorf. In Oberarnsdorf fällt sofort der mächtige Salzburgerhof auf, ein Lesehof der Erzabtei St. Peter zu Salzburg.
In Hofarnsdorf ist die Kirche mit der einzigen gotischen Kanzel der Wachau sehenswert. In Mitterarnsdorf gibt es eine bemerkenswerte Zahl von Häu-

Salzburgerhof, Detail

Trichterrauchfang

sern mit pyramidenförmig aufgemauerten Kaminen, die in ihrer Basis sogenannte Schwarze Kuchln, also Rauchküchen, beherbergten. Solche Kamine, zum Teil mit venezianischem Aufsatz, werden Sie auch in Rossatz sehen.

In Bacharnsdorf schließlich finden sich die Reste einer römischen Befestigung, ein sogenannter Burgus, und – südlich des Ortes – ein gut erhaltenes Stück einer Römerstraße mit Steinplattenpflasterung und Spurrillen.

Das Zentrum von Rossatz bilden die gotische Kirche und das Schloß mit seinen dreistöckigen Arkaden. Neben Schloß und Kirche gehört aber der Blick auf das gegenüberliegende Dürnstein zum Schönsten, was Rossatz zu bieten hat. „Hier ist es schön, hier will ich sterben", rief 1913 der Fahnenjunker eines Gesangsvereins nach einer Kellerpartie bei diesem Anblick aus – griff sich ans Herz und fiel tot um. Seine Kameraden haben ihm später dort, mitten in den Weingärten, ein Denkmal gesetzt.

Wachauer Kellertor

Blick von Rossatz auf Dürnstein

Mautern

Gemeindeamt ☎ 02732-83151

In der Römerstadt Mautern – damals Favianis genannt – ist Römisches noch präsent: Ein Rundturm und Teile der Lagermauer sind noch erhalten. Mehr Römisches gibt es im Museum zu sehen, das in der Margarethenkapelle untergebracht ist, deren Fundamente gleichfalls aus der Römerzeit stammen. Im Ort gibt es zahlreiche herrschaftliche Häuser, Lesehöfe der Klöster, die hier Besitzungen hatten. Im Schloß etwa residierte bis 1710 der Verwalter der Bischöfe von Passau. In der dem hl. Stephan geweihten Kirche befindet sich das Grabmal des Johann Schmidt, Vater des „Kremser Schmidt", das er wohl selbst entworfen hat.

Mautern: Römerturm

Der Apostel Noricums

In Mautern, besser gesagt in Favianis, war die Wirkungsstätte des hl. Severin, der Ihnen schon in Innstadt begegnet ist. Severin lebte hier etwa 20 Jahre, er gründete hier ein Kloster und entfaltete von hier aus seine diplomatische und missionarische Tätigkeit. Er trat als Vermittler zwischen der romanischen Bevölkerung und den über die Donau drängenden Germanenstämmen auf und wirkte, obwohl er keine eigentliche kirchliche Funktion hatte, als Apostel Noricums. Severin starb in Mautern im Jahre 482. Er wurde hier auch begraben. Doch da er wahrscheinlich römischer Herkunft war, blieb es nicht dabei: Wenige Jahre nach seinem Tod exhumierten Mönche den unversehrten Leichnam Severins und zogen mit einem Teil der romanischen Bevölkerung nach Süden. Die Reliquien des Heiligen ruhen heute in der Kirche Frattamaggiore bei Neapel.

Stift Göttweig

Das Stift Göttweig, über eine steil ansteigende Straße zu erreichen, ist eine Gründung des Bischofs Altmann von Passau (1083). Zunächst von Augustiner-Chorherren geführt, übernahmen 1091 Benediktiner aus St. Blasien im Schwarzwald das Kloster, das damals noch aus einem Haufen zusammengewürfelter Gebäude bestand. Erst nach einem Brand 1718 wurde der Baumeister Johann Lukas von Hildebrandt, der für

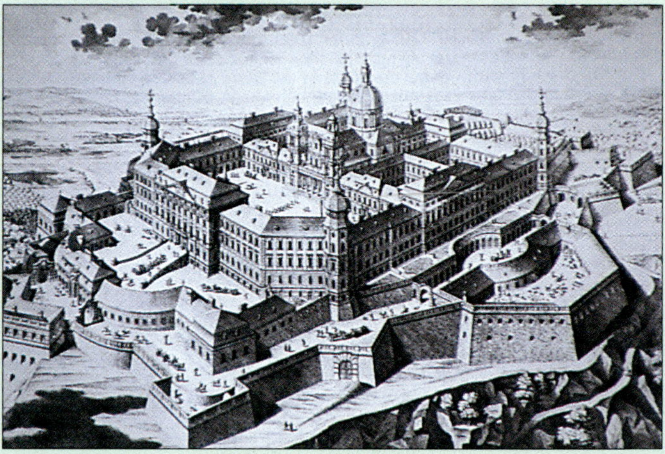

Die ursprünglich geplante Klosteranlage

Prinz Eugen das Belvedere in Wien erbaut hat, mit der Planung der neuen Klosteranlage betraut. Es hätte ein gigantischer Bau werden sollen, doch wegen des österreichischen Erbfolgekrieges wurde letztendlich nur ein Drittel der Pläne Hildebrandts verwirklicht.

Neben der Kirche kann in Göttweig noch der Kaisertrakt besichtigt werden, eine überaus großzügige Anlage, die allerdings nur zwei- oder dreimal von gekrönten Häuptern benützt wurde.

Das Deckenfresko von Paul Troger, das sich über die Kaiserstiege spannt, stellt den Kampf des Lichtes mit der Finsternis dar. Dabei trägt Apollo die Gesichtszüge Kaiser Karls

VI., die Frauengestalt soll Maria Theresia darstellen. Das Werk wurde bisher noch nie restauriert.

Der Bauherr:
Abt Gottfried Bessel

Beachtenswert ist auch der Brunnen im Stiftshof, mußte doch das Wasser dafür die 200 Höhenmeter heraufgepumpt werden. Das Pumpwerk konstruierte Joseph Emanuel Fischer von Erlach, den Brunnen gestaltete Johann Schmidt.

Bezahlt wurde der barocke Umbau des Klosters aus den Erträgen der Weinwirtschaft. Ein alte Geschichte erzählt, daß in einem Keller des Stiftes vier goldene Apostelstatuen stünden, deren Bärte nachwachsen...

Die anerkannte Tüchtigkeit der Mönche in Finanzangelegenheiten hat dem Stift auch den Beinamen „Zum klingenden Pfennig“ eingetragen.

Email-Kalender

8

Wer war Paul Troger?

Paul Troger, 1698 in Welsberg im Pustertal geboren, ist wahrscheinlich der für die Barockmalerei in Österreich wichtigste Künstler. Er studierte in Venedig, Rom und Neapel, wo er sich speziell mit Problemen des Lichtes auseinandersetzte. Alle seine Werke sind so komponiert, daß die Tugenden in hellen, durchleuchteten Farben aufscheinen, während die Laster den dunklen Zonen mit braunroten Farbtönen zugeordnet sind. Paul Troger hat die meisten seiner farbenprächtigen Zyklen für niederösterreichische Klöster geschaffen. Als Rektor der Wiener Kunstakademie hat er viele seine Schüler nachhaltig beeinflußt. Paul Troger starb 1762.

9. Etappe

Krems – Tulln

38 km

9

So geschlossen sich die Landschaft in der Wachau präsentiert hat, so gegensätzlich erscheint sie nun in diesem Abschnitt. Das fruchtbare Tullner Becken, Bauernland von altersher, ist gleichzeitig Energiezentrum Niederösterreichs.

Seite 141:
Krems: Jesuitenkirche/Tulln: Karner

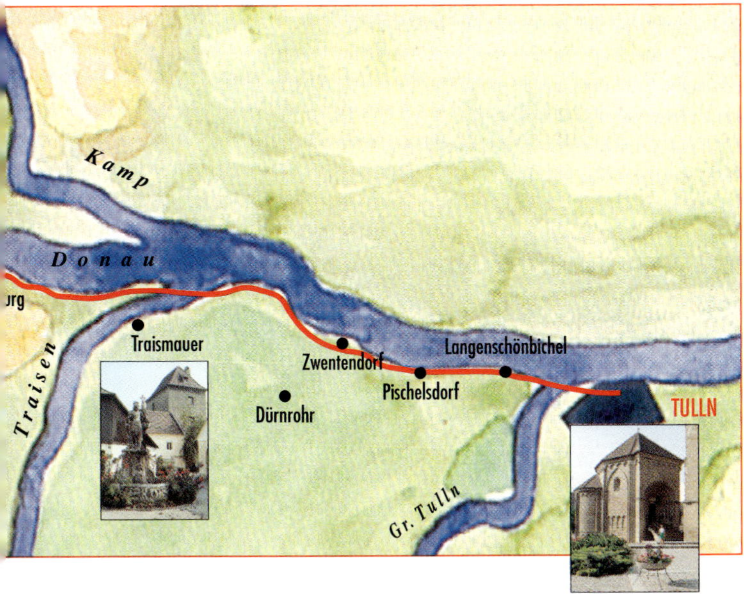

Aus allen Himmelsrichtungen laufen die Stromleitungen hier zusammen, holen Energie aus der Donau und aus dem Kohlekraftwerk Dürnrohr. Der Atommeiler Zwentendorf hätte da mitmischen sollen. Heute ist er zum funktionslosen Energiedenkmal degradiert, ein Symbol des Sieges der Vernunft über die Technikgläubigkeit früherer Jahre.

Die Kunst kommt im Wettstreit zwischen Natur und Technik nicht zu kurz. Traismauer steht auf römischen Fundamenten, im renovierten Schloß ist ein Museum für Frühgeschichte untergebracht. Der Karner in Tulln gehört zu den schönsten des Landes, im ehemaligen Kotter der Stadt stehen die Zellentüren offen – eine Einladung an jeden, sich mit dem Talent des Malers Egon Schiele auseinanderzusetzen.

Das barocke Stift Göttweig

Ihre Route

Nahezu parallel zur Oberen und Unteren Landstraße zieht sich die Ringstraße quer durch Krems Die Straße wird links und rechts von einem Radweg begleitet, der erst bei der Brücke über den Kremsfluß endet.
Radfahrer, welche die Sightseeing-Runde durch die Fußgängerzone in der Landstraße gemacht haben, stoßen gleichfalls auf diesen Fluß.
Dort wo die Bahn Fluß und Straße überquert, beginnt wieder die Beschilderung des Radweges, der zur Donaubrücke führt. Verwirrend zeigt die Markierung jenseits der Brücke zunächst stromaufwärts, die Schleife erleichtert die Abfahrt zum Treppelweg.
Dieser führt über Traismauer zum Kraftwerk Altenwörth und nach Zwentendorf und geht dann in einen markierten Radweg über, der schließlich in Langenschönbichl in eine kaum befahrene Ortsstraße mündet.
Einkehrmöglichkeiten in Traismauer, Zwentendorf, Pischelsdorf, Langenschönbichl, Kronau und Tulln.
Von einem etwa 300 Meter langen Abschnitt bei Zwentendorf abgesehen, ist die Strecke durchgehend asphaltiert.

Wissenswertes, Sehenswertes

Hollenburg

Ebenso weithin sichtbar wie das Stift Göttweig ist ein Stück donauabwärts ein kleines Kirchlein hoch über Hollenburg: Das „Wetterkreuz“ auf dem Schiffberg war deshalb für die Donauschiffahrt schon immer ein Orientierungszeichen.
Ein quaderartiger Turm nahe der Donau in Hollenburg ist der Rest der 1248 erbauten Burg Pertholdstein.

Traismauer

Fremdenverkehrsverein ☎ 02732-8555

Franz-Schubert-Radweg nach Atzenbrugg,
Traisentalweg nach St. Pölten

für Frühgeschichte ☎ 02783-272
Öffnungszeiten: 23. März–1. November, täglich 9–18 Uhr, sonst Sonn- und Feiertag 9–18 Uhr

Traismauer besteht nicht nur aus einem Gasthaus an der Donau. Die Stadt, die aus dem Römerkastell Augustianis hervorgegangen ist, kann heute noch Reste dieser römischen Bautätigkeit vorweisen. Etwa das Römertor oder den sogenannten Hungerturm, in dem heute das Heimatmuseum untergebracht ist.
Den prominentesten Mann von Traismauer aber finden Sie in einer Gruft unter der Pfarrkirche. Bei ihm dürfte es sich um den Grafen Cadaloc handeln, der in den Grenzkriegen mit den Awaren (802) einen Pfeil in den Hintern bekam und daraufhin an Wundstarrkrampf starb. Die Pfeilspitze lag auch in seinem Grab. Der Graf wird als der Gründer der Kirche von Traismauer angesehen, denn er erhielt seine letzte Ruhestätte unter dem Gotteshaus. Um ihn überhaupt in sein Grab betten zu können, mußte man erst den Estrich des römischen Kommandogebäudes, an dessen Stelle man die Kirche gebaut hatte, aufhacken.

Romantisches Traismauer

9

Eierkopf

Der prominenteste Mann von Traismauer hat einen Eierkopf. Das dürfte seinerzeit nicht ganz das gleiche bedeutet haben wie heute: Man hielt damals Eierköpfe für besonders intelligent. Deshalb hat man in besseren Kreisen den kleinen Kindern den Schädel geschnürt, um diese Eiform zu erreichen bzw. eine schon bestehende zu verstärken.
Der Mann, der unter der Kirche von Traismauer begraben liegt, hat so einen Schnürschädel. Deshalb und auf Grund einiger Stoffreste hat man auf seine adelige Herkunft geschlossen.

Im Schloß von Traismauer ist eine Außenstelle des Niederösterreichischen Landesmuseums für Frühgeschichte untergebracht, im Heimatmuseum werden aus allen Zeitabschnitten Funde gezeigt, die man in und um Traismauer aus dem Boden gebuddelt hat.

Saurierpark

Nur 800 Meter vom Donauradweg in Richtung Traismauer, Zentrum, liegt der Saurierpark, in dem Sauriermodelle in der Größe von 50 Zentimeter bis 30 Meter in natürlicher Umgebung zu sehen sind. Öffnungszeiten: Ende März–1. November täglich 9–18 Uhr.

Bei Traismauer geht die Landschaft allmählich in das fruchtbare Tullner Becken über, das heute auch ein Zentrum der Energieversorgung Ostösterreichs ist. Der Mastenwald, der das Landschaftsbild stört, ist das sichtbare Zeichen dafür. Energieproduzenten sind das Kraftwerk Theiß am nördlichen Donauufer gegenüber von Hollenburg, das Kohlekraftwerk Dürnrohr und das Donaukraftwerk Altenwörth. Das Atomkraftwerk Zwentendorf hingegen – Österreichs teuerste Neubauruine –, durch dessen Werksgelände heute der Radweg führt, wurde nie in Betrieb genommen. Die Österreicher haben sich bei einer Volksabstimmung 1978 dagegen ausgesprochen.

Zwentendorf

Gemeindeamt ☎ 02277-2209

Tulln

Fremdenverkehrsamt ☎ 02272-4285

„Tullner Donauraum“ ☎ 02272-5836

Aubad und Erholungszentrum

Heldenbergweg nach Glaubendorf

Großer-Tulln-Weg nach Neulengbach

Tullns lange Geschichte spiegelt sich an allen Ecken und Enden der Stadt. Sowohl vom ehemaligen Römerlager Comagena wie auch aus der Zeit, als Tulln die Hauptstadt des Babenbergerreiches war, haben sich Bauwerke erhalten.

Schon von weitem zu sehen ist die Pfarrkirche, die noch aus der Hauptstadtzeit (1040–1120) stammt. Auf gotisch getrimmt und später barockisiert, sind die romanischen Teile der Kirche, vor allem an der Westseite mit dem berühmten Aposteltor, noch klar zu erkennen. Kurios, daß von beiden Türmen nur der rechte der Kirche, der andere aber der Stadt gehört. Der linke Turm trug auch, wie aus alten Stichen hervorgeht, lange Zeit kein Kreuz. Kurios auch die Nordseite der Kirche, mit den vorgebauten Mauerbögen. Sie stützen das alte

Tulln: Aposteltor

9

Tulln: Kirche mit Karner

Mauerwerk, das – man sieht es deutlich – seit dem Erdbeben im Jahre 1590 ganz schief steht.
Neben der Kirche befindet sich das wohl berühmteste Bauwerk von Tulln, der Karner, einer der schönsten, jedenfalls aber der größte Österreichs. Elfeckig, gut erhalten und durch eine unsachgemäße Renovierung im vorigen Jahrhundert nur wenig verschandelt, ist das Beinhaus ein prächtiges Zeugnis für die einstige Bedeutung der Stadt und den Reichtum ihrer Bürger. Als der Karner erbaut wurde (1240), hatten die Babenberger ihre Residenz zwar schon nach Klosterneuburg verlegt, doch Tulln, am Schnittpunkt des böhmischen und des ungarischen Handelsweges, war noch immer die bedeutendste Stadt des Landes.

Kurios

„Tulln ist nichts, hat nichts und wird nichts." Mit diesem Ausspruch, der in Abwandlung übrigens auch für andere Städte erzählt wird, hätte Kaiser Joseph II. nur für seine Zeit recht gehabt; denn im 18. Jahrhundert war Tulln tatsächlich ein unbedeutendes Landstädtchen im Schatten der Kaiserstadt. Inzwischen hat er schon längst nicht mehr Gültigkeit.
Die Messestadt Tulln – die jährliche Gartenbaumesse hat ihr auch den Namen „Rosenstadt" eingetragen – ist heute das wirtschaftliche Zentrum der Region, Schulstadt, Einkaufsstadt und Verkehrsknotenpunkt.
Zu dem vernichtenden kaiserlichen Urteil kam es, als die Tullner Stadtväter die Ansiedlung von Industriebetrieben mit der Begründung ablehnten, daß so eine Fabrik „allerlei Gesindel und liederliche Weibspersonen" nach Tulln brächte. Was die Stadtväter damals wirklich fürchteten, war, ihre billigen Arbeitskräfte an die Fabrik zu verlieren.

Von Kirche und Karner ist es nicht weit hinunter zur Donau, zum Radweg und zum Salzturm, dem letzten Überbleibsel des römischen Kastells Comagena. Das aus der Römerzeit original erhaltene Bauwerk – es diente lange Zeit als Salzlager – ist heute die „Bude" einer Studentenverbindung. Auf der Höhe dieses Turmes, in der Donau, muß einst die Burg der Babenberger gestanden sein. Sie ist im wahrsten Sinn des Wortes untergegangen.
Stets an die tausend römische Soldaten waren in all den Jahren von der Zeitwende bis ins späte 4. Jahrhundert in Comagena stationiert. Die ersten Soldaten, die hier einrückten, waren alte Haudegen, die vordem im Königreich Comagena Dienst taten.
Die „Ala prima Comagenorum", frei übersetzt: die 1. Comagener Reiterschwadron, gab dem Vorposten ihren türkischen Namen. Erst lange nach dem Abzug der Römer nannte man die Ansiedlung den „Ort an der Tulln".

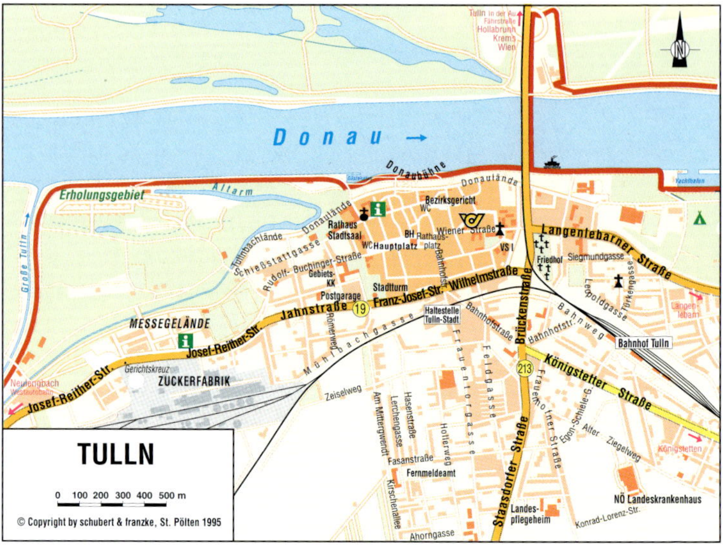
TULLN
0 100 200 300 400 500 m
© Copyright by schubert & franzke, St. Pölten 1995
Donau
Tulln in der Au
Fährstraße
Hollabrunn
Krems
Wien
Donaubühne
Donaulände
Erholungsgebiet
Altarm
Große Tulln
Bezirksgericht
Rathaus
Stadtsaal
Hauptplatz
Rathausplatz
Wiener Straße
Langenlebarner Straße
Friedhof
Siegmundgasse
Leopoldgasse
Türkengasse
Tullnbachlände
Schießstattgasse
Rudolf-Buchinger-Straße
Gebiets-KK
Postgarage
Stadtturm
Jahnstraße
Franz-Josef-Str.
Wilhelmstraße
Brückenstraße
Haltestelle Tulln-Stadt
Bahnhofstraße
Bahnweg
Bahnhofstr.
Bahnhof Tulln
Langenlebarn
MESSEGELÄNDE
Josef-Reither-Str.
Gerichtskreuz
ZUCKERFABRIK
Neulengbach
Westautobahn
Römerweg
Mühlbachgasse
Zeiselweg
Am Mittergwendt
Lerchengasse
Hasenstraße
Fasanstraße
Fernmeldeamt
Kirschenallee
Hollerweg
Frauentorgasse
Feldgasse
Staasdorfer Straße
Königstetter Straße
Frauenhofner Straße
Egon-Schiele-G.
Alter Ziegelweg
Königstetten
NÖ Landeskrankenhaus
Konrad-Lorenz-Str.
Landespflegeheim
Ahorngasse
Yachthafen
BH
WC
VS I
19
213

Streitmacht

Bei Tulln ist das Entsatzheer des christlichen Europa 1683 über die Donau gekommen, um von den Höhen des Wienerwaldes das osmanische Heer, das Wien belagerte, anzugreifen und zu vertreiben. Der Kommandostab befand sich im Schloß Stetteldorf, auf der anderen Seite der Donau. Das Oberkommando führte der Polenkönig Jan Sobieski.

Egon Schiele im Gefängnis

Schiele hat Bilder von Krumau gemalt, von Klosterneuburg und Stein, von nackten und halbnackten Mädchen und von sich. Aber was hat der Maler mit Tulln zu tun? Warum ist „sein" Museum in einem ehemaligen Gefängnis untergebracht?

Schiele ist ein Tullner. Egon wurde am 12. Juni 1890 im Bahnhofsgebäude von Tulln geboren. Sein Vater Adolf war dort Stationsvorstand, am Bahnhof verbrachte Egon Schiele auch die ersten zehn Jahre seines Lebens. In Krems und Klosterneuburg besuchte er die Schule, aber mit diesen Städten konnte er sich, wie seine Bilder zeigen, nie richtig anfreunden. Mit Tulln verband ihn stets die Erinnerung an eine glückliche Kindheit.

Daß man die Ausstellung im ehemaligen Gemeindekotter von Tulln untergebracht hat, geht auf einen Vorfall zurück, der sich 1912 in Neulengbach ereignete. Der Maler Egon Schiele wurde dort vor Gericht gestellt, weil er angeblich ein minderjähriges Mädchen verführt hatte. Was genau passiert ist, läßt sich nicht mehr klären, weil die Akten 1945 verbrannt sind. Tatsache ist aber, daß Schiele von der Anklage der Verführung freigesprochen wurde. Verurteilt wurde er wegen eines anderen Delikts: Er hatte erotische Zeichnungen in einem Zimmer aufgehängt, zu dem auch Kinder Zutritt hatten. Schiele ging dafür

Tulln: Egon-Schiele-Museum

ins Gefängnis – jedoch nicht in Tulln. Aber im Hinblick auf diese Ereignisse hat man das leerstehende Stadtgefängnis als geeigneten Rahmen für eine Egon-Schiele-Dokumentation erachtet.

Das Egon-Schiele-Museum ist ganzjährig täglich, außer Montag, von 9–12 und von 14–18 Uhr geöffnet.

10. Etappe

Tulln – Wien

34 km

10

Die Donau ist ein gemütlicher Strom. Auch dort, wo sie sich der Großstadt Wien nähert, ja sogar im Stadtgebiet selbst behält die vielbesungene „blaue" Donau ihre grünen Ufer. Und so als wollte man die ganze Tour für Sie zusammenfassen, bietet sich mit dem wuchtigen Stift Klosterneuburg neuerlich ein sakrales Gesamtkunstwerk an, während man ein Stückchen weiter, im verträumten Kahlenbergerdorf, noch einmal die Idylle eines Weinortes beschwört.

Tulln: Salzturm/Wien: Ringstraße, Parlament

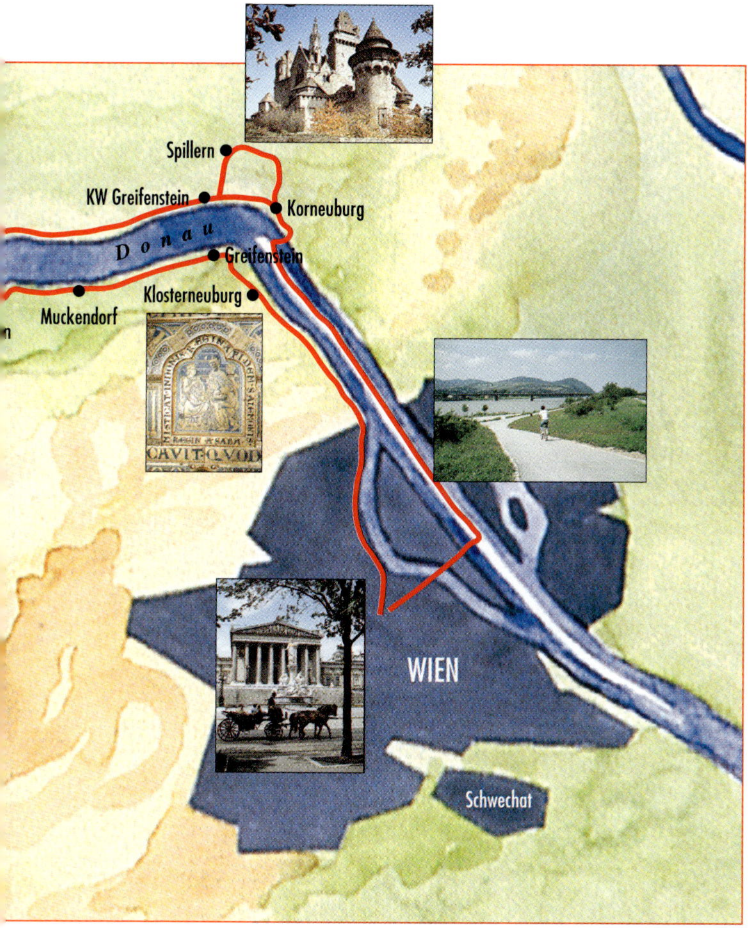

Auf der anderen Seite des Wassers eine Burg und ein Kraftwerksschlot – alles ist auf dieser Tour schon einmal dagewesen, alles erinnert an bereits Gesehenes, fordert zum Vergleich heraus und ist doch – einmalig.

Hüben und drüben gibt es noch vieles zu besichtigen, zu erleben, zu bestaunen.
Die Donautour ist noch nicht zu Ende!

Ihre Route am Nordufer

Die Radroute am Nordufer ist, zumindest im Abschnitt Tulln–Kraftwerk Greifenstein, nicht markiert. Aber Sie brauchen keinen Lotsen, um sich zurechtzufinden. Über die Tullner Brücke müssen Sie auf der stark befahrenen Straße, drüben können Sie aber gleich Richtung Donau von der Straße ab und auf den Damm auffahren, und schon sind Sie auf einer Radpiste, die bis zum Kraftwerk Greifenstein führt.

Dort haben Sie die Wahl: Sie können dicht an der Donau bleiben und bis Wien durchradeln. Oder Sie entscheiden sich für die „Überlandroute“, die auch markiert ist. Sie führt über Spillern, an der Burg Kreuzenstein vorbei und durch Korneuburg zurück zum Treppelweg

Auf der Donauinsel

Donau- und Landroute finden eine Fortsetzung auf der Donauinsel bzw. dem begleitenden Weg am nördlichen Ufer. Bei jeder Donaubrücke können Sie dann über den Strom in die Stadt fahren. Wollen Sie direkt ins Zentrum von Wien, so fahren Sie am besten bis zur Reichsbrücke durch, denn von dort gibt es einen Radweg in die City. (Falls Sie noch keinen Stadtplan haben: Die Reichsbrücke ist die 5. Brücke auf Ihrem Weg stromabwärts.)

Ihre Route am Südufer

Die Strecke von Tulln nach Wien ist durchgehend markiert. Sie können also gar nicht fehlfahren. Trotzdem gibt es beim Kraftwerk Greifenstein eine Situation, die immer wieder für Verwirrung und Ärger sorgt.
Dort, beim Kraftwerk, teilt sich nämlich der Weg. Wollen Sie am rechten Ufer weiter nach Wien radeln, so müssen Sie schon beim Yachthafen den Damm verlassen. Ein kleines Schild „Radweg Wien" weist zwar den Weg, wird aber wegen anderer Hinweistafeln leicht übersehen. Die Straße vom Yachthafen führt rechts vom Damm hinunter auf eine Siedlung zu. Wenn Sie bei den ersten Häusern links einbiegen, befinden Sie sich wieder auf dem Treppelweg der ehemaligen Donau, heute ein Altarm und Erholungsgebiet, und haben die Hürde damit auch schon genommen. Bleiben Sie nämlich beim Yachtklub auf dem Damm, endet Ihr Weg abrupt auf einer Landzunge, eine Rückkehr zum rechten Ufer ist nur noch mit der (kostenpflichtigen) Überfuhr möglich. Einziger Ausweg: Sie überqueren die Donau beim Kraftwerk, dann sind Sie aber auf der linken Seite gelandet und können erst mit der Fähre Korneuburg–Klosterneuburg zurück ans südliche Gestade.
Von Greifenstein führt der Radweg auf der Südroute durch Villenvororte nach Klosterneuburg und auf einer wenig befahrenen Straße bis ins Stadtgebiet von Wien. Am Donaukanal entlang kommen Sie – verkehrsfrei – bis ins Stadtzentrum

10

Wissenswertes, Sehenswertes am Nordufer

Ja, das ist das (vor)letzte Stück Ihrer Radtour. Bei St. Stephan in Passau sind Sie aufgebrochen, und am Ende dieser Etappe werden Sie bei der Schwedenbrücke stehen, keine 500 Meter vom Wiener Stephansdom entfernt, der – aber das wissen Sie ja schon – eine Passauer Gründung ist.

Auf dieser Etappe wird Ihnen, neben dem nicht zu übersehenden

Kraftwerksbau in Greifenstein, die Burg Kreuzenstein auffallen. Die markante Silhouette am Rande des Korneuburger Beckens ist kein originärer Bau. Wie die anderen Festungen wurde auch Kreuzenstein in den Schwedenkriegen bis auf die Grundmauern zerstört. Erst gegen Ende des vorigen Jahrhunderts wurde Burg Kreuzenstein von dem kunstsinnigen Grafen Wilczek wieder aufgebaut. Er wollte mit der Burg den 11.000 Kunstgegenständen, die er aus ganz Europa zusammengetragen hatte, einen würdigen Rahmen geben. Und nicht nur das: Da zahlreiche Bauelemente, die der fanatische Sammler anderswo hatte abtragen lassen, gleichfalls Verwendung finden sollten, wurde der ganze Neubau auf diese kunsthistorisch wertvollen Stücke abgestimmt. Daraus erklärt sich die Harmonie, in der sich die Burg dem Besucher präsentiert.

Beispiele für dieses Bauen nach Vorgabe gibt es auf Burg Kreuzenstein genug. Wenn Sie etwa finden, daß der Kaschauer Gang, der den ganzen Burghof überspannt, für Kreuzenstein wie geschaffen erscheint, so ist das nicht richtig. Es ist gerade umgekehrt: Die Burg wurde auf die aus Kaschau stammende Orgelempore abgestimmt.

Burg Kreuzenstein: ☎ 02262-66203

Öffnungszeiten: Mitte März bis Mitte November Di–So von 9–18 Uhr

Kunstsammler

Von welcher Art Sammler der ehemalige Burgbesitzer von Kreuzenstein war, zeigt der Tisch in der unterirdischen Burgküche. Das mit 7,5 Meter Länge und 1,5 Meter Breite größte Eichenbrett Europas diente im Salzburger Land als Steg über einen Bach. Wilczek ließ einen neuen, eisernen Steg bauen und schaffte das Brett auf der Donau nach Korneuburg. Es kam in die Küche, erst nachträglich wurde die Burg darüber errichtet.

Leobendorf

Gemeindeamt ☎ 02262-66151

Korneuburg

Tourismusbüro ☎ 02262-2576-229

nach Klosterneuburg

Ob der Name Korneuburg tatsächlich etwas mit Korn zu tun hat, ist nicht zu ergründen. Aber irgendeinen Zusammenhang muß es geben, davon zeugt der Rattenfängerbrunnen auf dem Hauptplatz, größer und schöner als der in Hameln. Die Korneuburger sind nämlich heute noch überzeugt, daß sich die Geschichte vom Rattenfänger in ihrer Stadt abgespielt hat, in der es in früheren Zeiten viele Getreidespeicher gegeben hat. Und lange bevor Hameln die Rattenbekämpfer für sich reklamierte, hätte man sich die rührselige Story schon in Korneuburg erzählt.

Das Rathaus mit seinen glasierten Dachziegeln, vor dem der Rattenfängerbrunnen steht, ist ein neugotischer Bau, keine hundert Jahre alt. Nur der Turm ist älteren Datums, er stammt aus dem 14. Jahrhundert.

Die dritte Sehenswürdigkeit der Stadt ist die Augustinerkirche, in der es Bilder von Anton Maulpertsch und vom „Kremser Schmidt“ gibt.

Zum Heurigen

Das Gemeindegebiet von Langenzersdorf berühren Sie auf dem Donauradweg eigentlich nur am Rande. Wenn Sie aber noch Zeit und Lust auf eine Heurigenpartie haben, dann sind Sie in dieser Gemeinde gut aufgehoben. Knapp unter dem Hang des Bisamberges – vom Radweg leicht zu erreichen – verläuft die Kellergasse, in der Sie noch typische Heurigenschenken finden können.

Langenzersdorf

Das Hanak-Museum zeigt den künstlerischen Nachlaß des Bildhauers Anton Hanak und seines Schülers Siegfried Charoux.
☎ 02244-29473. Öffnungszeiten: 15. April–15. November Sa, So und F 9–12 und 13.30–18 Uhr, Di 9–12 Uhr.

Wissenswertes, Sehenswertes am Südufer

Auf Ihrem Weg nach Wien streifen Sie zunächst die Orte

Langenlebarn

Muckendorf

Greifenstein

Gemeindeamt ☎ 02242-2223

Wassersportzentrum

über den Altarm der Donau

Leiserbergweg nach Laa an der Thaya

Die Burg Greifenstein geht in ihrer ursprünglichen Form auf das Jahr 1135 zurück, sie wurde allerdings mehrmals erobert und zerstört und erst 1818 in der heutigen Gestalt wiederaufgebaut. In der Burg befinden sich eine Schausammlung von Waffen und Möbeln sowie ein Restaurant – beides ist allerdings seit einiger Zeit geschlossen, die Burg nicht mehr zugänglich.

Klosterneuburg

Fremdenverkehrsverein ☎ 02243-2038

Stift Klosterneuburg ☎ 02243-6210-212
Führungen täglich von 9–12 und von 13.30–16.30 Uhr (im Winter ab 10 Uhr) jeweils zur vollen Stunde

Wenn Sie auf dieser (vor)letzten Etappe überhaupt einen Besichtigungsstopp einlegen wollen, dann tun Sie es hier, schon um im Stift Klosterneuburg wenigstens einen Blick auf den berühmten Verduner Altar zu werfen.
Einer frommen Legende nach wurde das Stift an jener Stelle erbaut, an der Markgraf Leopold III. den Schleier wiederfand, den neun Jahre vorher ein Windstoß seiner Gattin Agnes entrissen hatte, als sie auf dem Söller einer Burg auf dem Kahlenberg stand.
In Wirklichkeit dürfte auf dem Platz des römischen Kastells Asturi schon sehr früh eine klösterliche Siedlung bestanden haben, die aber

erst an Bedeutung gewann, als Leopold III. 1114 die Residenz der Babenberger von Tulln nach Klosterneuburg verlegte. Er war es auch, der 1133 die Augustiner-Chorherren nach Klosterneuburg rief und mit entsprechendem Grundbesitz ausstattete.
Das Kloster wuchs, auch nachdem die Babenberger bereits nach Wien weitergezogen waren, doch erst Karl VI., der Vater Maria Theresias, wollte wahrhaft gigantische Pläne in Klosterneuburg verwirklichen.

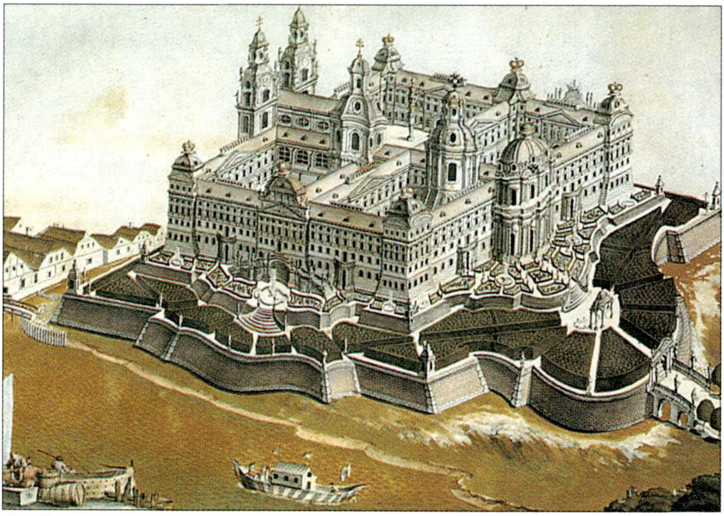

d'Allios Originalplan von 1730

Nach den Vorstellungen des Kaisers, der auch König von Spanien war, sollte in Klosterneuburg ein Kaiserpalast nach dem Vorbild des Escorial bei Madrid entstehen. Neun Kuppeln, jede mit der Krone einer österreichischen Besitzung geziert, sah der Bauplan des Architekten Felice d' Allio vor. Nur ein Viertel davon wurde tatsächlich ausgeführt.
Zehn Jahre nach dem Baubeginn starb nämlich Karl VI. (1740), seine Tochter Maria Theresia hatte weder das Geld noch Lust, den Bau zu vollenden und „aufs Land" zu ziehen.
Der Erzherzogshut, der als Nachbildung die kleinere Kuppel von Klosterneuburg schmückt, wird heute noch im Stift verwahrt. Erzherzog Maximilian III. schenkte ihn 1616 dem Kloster mit der Widmung, daß er nur zur Erbhuldigung oder zum Lehensempfang vom Landesfürsten entliehen werden darf.

Diese sogenannte Erbhuldigung war ein nur in den österreichischen Ländern üblicher zeremonieller Akt, da es für den österreichischen Herrscher keine Krönung gab. Auch nach 1804, als aus dem Erzherzogtum das Erbkaisertum hervorging, war eine Krönung in Österreich nicht vorgesehen. Die Erbhuldigung war demnach die Zeremonie, die mit der Thronbesteigung verbunden war.
Unter den vielen, vielen Kunstschätzen, die das Stift Klosterneuburg zu bieten hat, ist der Verduner Altar das einmaligste. Er besteht aus einer Serie von Emailbildern, die auf vergoldete Kupfertafeln aufgeschmolzen wurden.

Der Verduner Altar

Die ursprünglich 45 Bildtafeln wurden 1181 von Nikolaus von Verdun als Verkleidung der Kanzel geschaffen. Als 1330 im Kloster ein Brand ausbrach, ließ Propst Stephan von Sierndorf die Tafeln abnehmen und mit Wein kühlen, um sie vor Schaden zu bewahren; Wasser war zu wenig vorhanden. Nachdem die Tafeln längere Zeit nicht mehr auftauchten, hieß es, der Propst habe sie an Wiener Juden verkauft. In Wirklichkeit hat er sie zu einem Flügelaltar umbauen lassen, wobei weitere sechs Tafeln angefügt wurden.

Salomon und die Königin von Saba

Der Verduner Altar ist heute der Grabaltar des hl. Leopold. Der Klostergründer wurde 1485 heiliggesprochen.

10

Brauch

Im Keller des Stiftes Klosterneuburg (Führungen) gibt es ein Riesenfaß, mit dem ein lustiger Brauch verbunden ist. Zu

„Leopoldi", dem Festtag des hl. Leopold (15. November), rutschen die Leute auf dem Hosenboden vom Faß. „Faßlrutschen" ist ein kurzes Vergnügen, das dennoch jährlich Tausende Leute anlockt.

Kahlenbergerdorf

Weit weniger heilig, aber fast so berühmt wie der hl. Leopold wurde ein Pfarrer, der in diesem Ort gelebt und gewirkt hat: Gundacker von Thernberg, genannt „der Pfaff vom Kahlenberg", war als Pfarrer auch Hofnarr am Hofe Ottos III., des Fröhlichen. Er war ein Zeitgenosse Till Eulenspiegels, dem er an frechem Witz und an Einfallsreichtum nicht nachstand.

Pfaffenspaß

Dem „Pfaff vom Kahlenberg“ ging es einmal darum, Geld für ein neues Kirchendach aufzutreiben, weil das alte schon mehr als nur löchrig war. Als sich die Dörfler ganz und gar nicht spendierfreudig zeigten, machte ihnen der schelmische Pfarrer einen Vorschlag: Eine Hälfte des Daches sollten die Dörfler bezahlen, die andere Hälfte würde er durch Spenden finanzieren. Und damit es den Dörflern leichter fiele, sollten sie bestimmen, welchen Teil des Daches sie bezahlen wollten: das kleine Stück über dem Chor oder das große über dem Langhaus. Natürlich wählten die Bauern das kleinere Stück – und waren damit dem Pfarrer auf den Leim gegangen. Der stand nämlich nach der Reparatur im Trockenen, während es ins Langhaus immer noch hineinregnete. Schweren Herzens mußten sich die Bauern entschließen, auch für die Reparatur des Daches über ihren Kirchensitzen zu „spenden“.

Falls Sie bei Ihrem Rundgang durch das Kahlenbergerdorf einem Pfarrer begegnen: Das ist nicht der Pfaff vom Kahlenberg. Der starb schon 1360. Aber eine Skulptur neben der Kirche erinnert an ihn und seine Schelmenstreiche.

Über Wien und seine Sehenswürdigkeiten kann in diesem kleinen Radführer nicht berichtet werden, denn Wiens Bauten und Kunstschätze zu beschreiben, würde eine ganze Bibliothek füllen.
Daher sei zum Besichtigungsprogramm nur so viel gesagt: Wien ist, verglichen mit anderen Städten, keine besonders radfreundliche Stadt. Es gibt zwar einige Radwege, aber die liegen mehr an der Peripherie und bei den Freizeitzentren; an den vielen Sehenswürdigkeiten führen sie nicht vorbei. Mit einer Ausnahme: Rund um den Ring verläuft ein Radweg, und da gibt es schon einiges zu sehen.
Im übrigen sollten Sie aber besser Ihr Rad abstellen und für Ihre Sightseeing-Tour öffentliche Verkehrsmittel wählen.
Die 300 Kilometer, die Sie hinter sich gebracht haben, sind doch fürs erste genug.
Oder?

WIEN
0 500 1000 1500 2000 m
© Copyright by schubert & franzke, St. Pölten 1995
Klosterneuburg
Korneuburg
JEDLESEE
NEUJEDLERSDORF
21. FLORIDSDORF
Nußberg
NUSSDORF
DONAU
NEUE DONAU
ALTE DONAU
DONAUINSEL
PRAGER STRASSE
FLORIDSDORF
NORDBRÜCKE
FLORIDSDORFER BRÜCKE
DONAUPARK
VIENNA INT. CENTRE
REICHSBRÜCKE
KAISERMÜHLEN
HANDELSKAI
KNOTEN WIEN PRATER
ST. MARX
DONAUFELD
KAGRAN
22. DONAUSTADT
Freihof-Siedlung
Donaupark
UNO-City
KAISERMÜHLEN
Gänsehäufel
STADLAU
19. DÖBLING
UNTERDÖBLING
OBERDÖBLING
20. BRIGITTENAU
FRANZ-JOSEFS-BHF.
9. ALSERGRUND
8. JOSEF-STADT
1. INNERE STADT
2. LEOPOLDSTADT
Volksprater
Messegelände
Prater
Krieau
3. LANDSTRASSE
7. Neubau
6. MARIA-HILF
5. MARGARETEN
4. WIEDEN
Unterer Prater
Wr. Neustadt, Graz
SÜDOST-TANGENTE
Freudenau
Lusthaus
Praterstern
Ausstellungsstraße
Lassallestraße
Wagramer Straße
Leopoldauer Straße
Donaufelder Straße
Arbeiterstrandbadstr.
Handelskai
Grinzinger Straße
Heiligenstädter Str.
Schwarzenbergplatz
Rennweg
A22
A23

11. Etappe

Wien – Hainburg

50 km

11

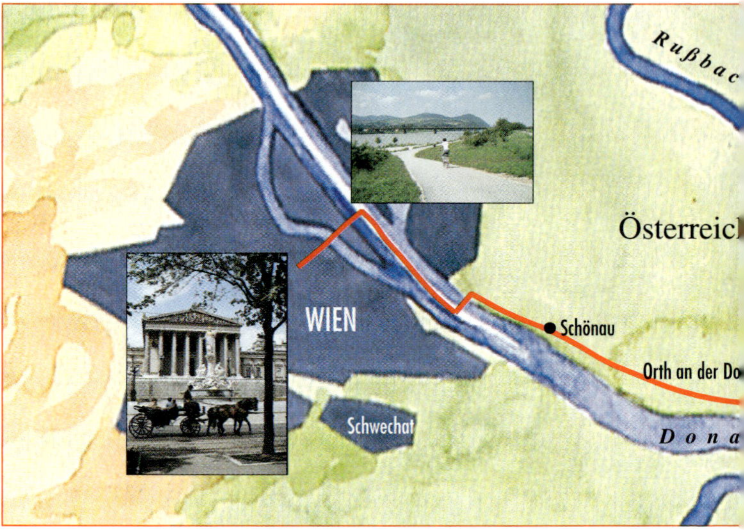

Die Donauauen unterhalb von Wien waren schon immer ein Freizeitparadies der Wiener. „Drunt' in der Lobau hab' ich ein Mäderl geküßt", schwelgen Sänger in einem alten Wienerlied, und wenn man sich zum Küssen heute auch nicht mehr in die Lobau zurückziehen muß, so hat diese Gegend mit ihren vielen lauschigen „Platzerln" und verträumten Wasserläufen doch ihren intimen Charakter bewahrt.

Seite 169:
Wien: Ringstraße, Parlament/Hainburg: gotische Lichtsäule

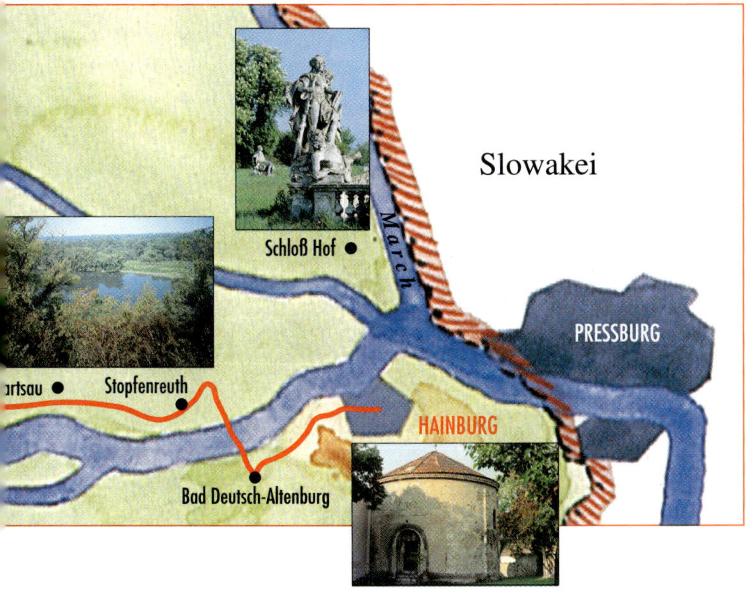

Und je weiter Sie sich von Wien entfernen, umso tiefer dringen Sie in dieses „Paradies“ am Strom ein. Es ist die letzte ursprünglich erhaltene Aulandschaft in Mitteleuropa. Umweltschützer bewahren sie und haben sie sogar mit persönlichem Einsatz verteidigt, als Kraftwerksbauer daran Hand anlegen wollten.

Es ist eine Tour durch die Natur zur Kultur, denn über die ganze Strecke verstreut liegen die Jagdschlösser derer, die schon vor 200 Jahren und mehr den Reichtum dieser Naturlandschaft zu schätzen wußten.

Ihre Route

Die Strecke von Wien nach Hainburg, von den Wienern gerne als sonntägliche Strampelroute benützt, ist die logische Fortsetzung des Radweges Passau–Wien. Sie führt über die Donauinsel, die Sie über die Reichsbrücke (Radweg vom Zentrum aus) oder über die Praterbrücke (Radweg ab Hauptallee) erreichen, und entlang dem Nordufer der Neuen Donau ostwärts bis zum sogenannten Ölhafen. Den müssen Sie auf der markierten Route durchqueren, dann sind Sie aber schon wieder im Grünen. Und es wird immer grüner. Auf dem Hubertus- bzw. Marchfelddamm radelt es sich leicht nach Schönau und Orth, und in beiden Donaugemeinden gibt es Möglichkeiten, einzukehren. Danach geht der vorher asphaltierte Weg in einen schmalen Steig über, der aber noch immer gut zu befahren ist. Eckartsau und Stopfenreuth sind Ihre Stationen am nördlichen Ufer, dann müssen Sie noch einmal über die Donau, nach Bad Deutsch-Altenburg.

Von der Brücke bis Hainburg sind es nur noch knapp 2 Kilometer. Dann haben Sie die rund 350 österreichischen Donaukilometer geschafft.

In welcher Zeit?

Donauinsel und Neue Donau

11

Wissenswertes, Sehenswertes

Die Donauinsel ist noch nicht die Lobau. Sie ist künstlich angelegt, so wie die sogenannte Neue Donau. Trotzdem werden beide von den Wienern geliebt, denn in und am Entlastungsgerinne – so heißt die Wasserfläche amtlich – gibt es sämtliche Möglichkeiten, Wassersport zu treiben und ein angenehmes Wochenende zu verbringen.
Etwa dort, wo Sie diesen frisch gebaggerten Donauarm verlassen, beginnt eine großes FKK-Gelände, in dem sich an heißen Sommersonntagen bis zu 70.000 Wienerinnen und Wiener in paradiesischer Nacktheit tummeln.
Weniger schön, aber eben zu einer Großstadt gehörend, ist das Tanklager der Österreichischen Mineralölverwaltung, dessen Zufahrtstraße Sie benützen müssen.
Die Industrie wechselt dann aber schlagartig mit einer (fast) unberührten Aulandschaft ab, die sich bis Stopfenreuth noch verdichtet.

Die Donauinsel

Das 20 Kilometer lange Gebilde ist eigentlich nur ein Nebenprodukt des Hochwasserschutzes. Beim Jahrhunderthochwasser 1954 hatte es sich nämlich gezeigt, daß die Dämme, die man bei der ersten Donauregulierung im Jahre 1875 errichtet hatte, zu schwach dimensioniert waren. Teile der Stadt standen damals unter Wasser, die Dämme drohten an mehreren Stellen zu brechen.
Bei der Planung eines absoluten Hochwasserschutzes für Wien standen schließlich zwei Varianten zur Auswahl: die bestehenden Dämme zu erhöhen und zu verstärken oder der Donau ein zweites Bett zu graben und den Aushub zu einer Insel aufzuschütten.
Im September 1969 entschied sich die sozialistische Rathausmehrheit für die (teurere) Insel. 1972 wurde mit den Arbeiten begonnen.
Doch noch ehe der erste Spatenstich getan war, begannen

Fachleute darüber nachzudenken, wie man das Neuland nützen könnte. Die absurden Vorschläge reichten vom Zentralverschubbahnhof bis zum Truppenübungsplatz, realistische Architekten wollten die Insel ganz oder teilweise überbauen, sie waren der Meinung, für ein Naherholungsgebiet sei die Insel zu weit von der Stadt entfernt, für eine richtige Erholungsoase aber zu nah.
Letzten Endes setzten sich aber doch die Befürworter der „Freizeitinsel" durch, doch auch sie verschätzten sich, was Besucherfrequenzen betrifft, gewaltig. 20.000 Wiener, so dachten sie, würden die Insel zur Erholung nützen, tatsächlich sind es bis zu 400.000, die an einem schönen Sonntag den 40 Kilometer langen Strand der Neuen Donau bevölkern.
Von den ersten Versuchen, die Donau zu bändigen, bis zum Bau der Donauinsel, war es ein langer Weg. Bis in die Mitte des vorigen Jahrhunderts war die Donau ein wilder Strom, aufgesplittert in diverse Arme, die mit jedem Hochwasser ihren Lauf änderten. Hochwasserschutz blieb den Anrainern überlassen. Diese versuchten, mit Holzpalisaden und Steinen Ufer und Sandbänke zu befestigen.
Wien lag damals wirklich an der Donau, der heutige Donaukanal war ein schiffbarer Hauptarm, andere Wasserläufe der Donau erstreckten sich bis über die Alte Donau hinaus.
Mit der Entwicklung der Dampfschiffahrt wurde es notwendig, schiffbare Rinnen zu schaffen, gleichzeitig unternahm man den Versuch, die Städte vor den verheerenden Hochwassern zu schützen.
Im Bereich von Wien wurde der Donau ein eigenes Bett gegraben, mit einem breiten Überschwemmungsgebiet. Ein 63 Kilometer langer Damm, der von Langenzersdorf bis Hainburg reicht, schützt seither auch das gesamte Marchfeld vor Überschwemmungen. Und dieser Damm ist Teil des Radweges Wien–Hainburg.

Napoleon in der Lobau

Viele Ortsbezeichnungen, wie Franzosenschanze oder Napoleonstraße, in der Au unterhalb von Wien erinnern heute noch an das Jahr 1809, als Napoleon in der Schlacht von Aspern und Eßling seine ersten Niederlage einstecken mußte.

Am 20. Mai hatte der Franzosenkaiser von Kaiserebersdorf aus mit 90.000 Mann die Donau und ihre Nebenarme übersetzt und Aspern und Eßling erobert.

Dann stellte sich ihm eine Streitmacht von 100.000 Mann entgegen, die Erzherzog Karl als oberster Heerführer befehligte. Es wurde eine blutige Schlacht: Sechsmal innerhalb von zwei Tagen wurden Aspern und Eßling von den Österreichern gestürmt und von den Franzosen wieder zurückerobert, selbst in der Nacht wurde im Schein der brennenden Häuser und Scheunen gekämpft.

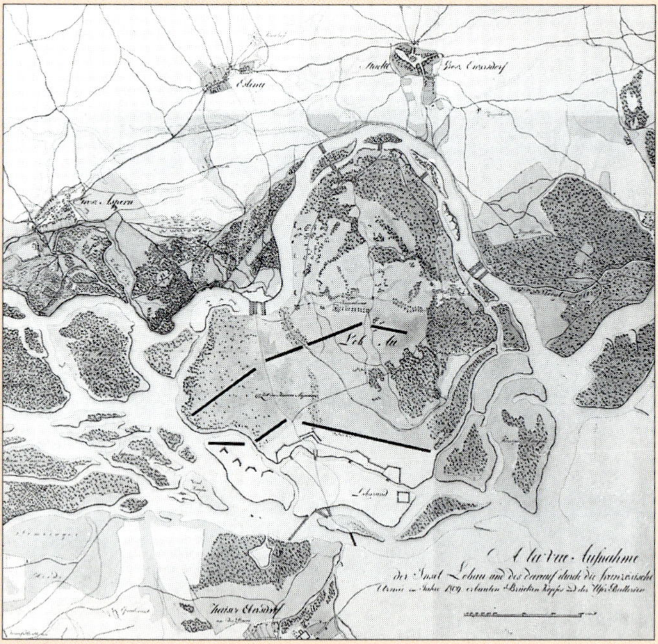

Militärkarte mit französischen Stellungen in der Lobau 1809

Als Napoleon schließlich den Rückzug befahl und er sich mit seinen Truppen über die Donau absetzte, blieben auf dem Schlachtfeld 10.000 Tote zurück. Auf dem „Franzosenfriedhof" sind allein 3.000 Gefallene begraben. Ein Hochwasser, das zwei Tage später einsetzte, nahm viele der übrigen Leichen mit oder bedeckte sie mit Schlamm.
Angeblich mußte Napoleon bei seiner überstürzten Flucht auch seine Kriegskassa zurücklassen. Es gibt heute noch Leute, die mit Metalldetektoren nach diesem Schatz suchen, aber was sie finden sind meist nur Uniformknöpfe, die im Getümmel der Schlacht verlorengingen.
Die Schlacht bei Aspern und Eßling war nicht kriegsentscheidend. Schon 41 Tage später stießen die Franzosen erneut über die Donau nach Norden vor, bei Deutsch-Wagram blieben sie die Sieger.

Schönau

Orth

Gemeindeamt ☎ 02212-2208

Fischerei- und Donaumuseum im Schloß. Öffnungszeiten: 15. März–15. November Di–Fr 9–12 und 13–17 Uhr, Sa, So und F 9–17 Uhr.

So wie in Schönau streift auch in Orth der Radweg die Gemeinde nur am Rande. Dort wo der Radweg neben einem Sportplatz die Straße kreuzt, geht es rechts zur Donau und zum „Ufergasthaus", einem Lokal, das wegen seiner Fischspezialitäten bekannt ist. Die Fische, die man dort serviert, stammen allerdings nur noch zum geringsten Teil aus „örthlichen" Gewässern.
Links geht es zum Ortszentrum und zum Schloß, einem schon 865 erwähnten, besonders trutzig anmutenden Bau. Das von vier Türmen gekrönte ehemalige Wasserschloß wird heute als Museum und Veranstaltungszentrum genützt.

Donaufischer

Orth, in günstiger Entfernung zur Hauptstadt gelegen, war schon immer ein Zentrum der Fischerei. Aus der Donau bei Orth und aus ihren Nebenarmen wurden noch 1930 pro Jahr 30.000 Kilo Fisch gefangen, heute sind es knapp 3000 Kilo.
Die strengen Fasttage, die früher vorgeschrieben waren und auch eingehalten wurden, hatten eine große Nachfrage nach Fischen aller Art zur Folge. Deshalb wurden die Fische aus Orth mindestens einmal pro Woche auf den Wiener Fischmarkt gebracht. Die breiten und artenreichen Donauarme wurden damals von den Fischern als „gesegnete Gewässer“ bezeichnet.
Einen kräftigen Einschnitt in die Donaufischerei bedeutete die Regulierung der Donau, die 1873 in Wien begonnen wurde. Zwar wurden die Orte vor Donauhochwasser geschützt, zugleich aber begannen viele Augewässer zu verlanden.

Eckartsau

Gemeindeamt ☎ 02214-2202

Schloßbesichtigung: Von April bis Oktober Sa, So und F um 11 und 13 Uhr.

Bei der Fahrt auf dem Hubertusdamm kann man sich gar nicht vorstellen, daß das Wasser der Donau auch nur annähernd an den Radweg herankommen könnte.
Noch unvorstellbarer ist es, daß das Schloß Eckartsau, dessen Park Sie fast streifen, durch ein Hochwasser so beschädigt wurde, daß man es dem Verfall preisgab.
Das war allerdings schon vor langer, langer Zeit. In den neunziger Jahren des vorigen Jahrhunderts wurde Erzherzog Franz Ferdinand – ja, der österreichische Thronfolger, der in Artstetten begraben liegt! – auf das desolate Schloß aufmerksam, ließ es herrichten und legte den schönen Park mit den vielen exotischen Bäumen und Sträuchern an.
Die heutige Form des Schlosses stammt allerdings schon aus frühe-

Schloß Eckartsau: Der Große Saal

rer Zeit. 1722 hat Graf Kinsky das Wasserschloß gekauft und in ein barockes Jagdschloß umbauen lassen. Dabei soll Lukas von Hildebrandt als Baumeister tätig gewesen sein. Kinskys Bruder hat dann das Schloß an Franz Stephan, den Gemahl Maria Theresias, verkauft. Das Herrscherpaar hielt sich oft und gerne zur Jagd in Eckartsau auf, doch nach dem Tod Maria Theresias kümmerte sich niemand um das Schloß.

Im Schloß, dessen Ost- und Südteil 1897/98 unter Franz Ferdinand neu errichtet wurde, befindet sich im Prunksaal ein Deckengemälde von Daniel Gran, das die Verherrlichung der Jagd zum Thema hat. Eine weitere Sehenswürdigkeit ist das kostbar ausgestattete „Goldkabinett".

11

Jagdfieber

Daß Erzherzog Franz Ferdinand gerade auf Eckartsau verfiel, ist keine Wunder. Der jagdbegeisterte, um nicht zu sagen schießwütige Thronfolger schätzte den ungeheuren Wildreichtum dieses Gebietes. Franz Ferdinand erlegte dort im Jahr 1908 in nur vier Tagen 240 Stück Rotwild, Kaiser Wilhelm II., der im gleichen Jahr zur Jagd nach Eckartsau geladen war, schoß in zwei Tagen 75 Hirsche.

Das Ende der Monarchie

Das Ende der Donaumonarchie ist unmittelbar mit Eckartsau verbunden: Am 11. November 1918 unterschrieb Kaiser Karl I. ein Manifest, in dem er zwar nicht auf den Thron, wohl aber auf jeden Anteil an den Staatsgeschäften verzichtete. Am Abend des gleichen Tages übersiedelt der Kaiser mit seiner Familie in zwei Mietautos nach Eckartsau. Am nächsten Tag wurde die Republik ausgerufen.

Karl I. blieb bis zum 23. März 1919 in Eckartsau, dann trat er vom nahen Bahnhof Kropfstetten die Reise ins Schweizer Exil an. Er starb am 1. April 1922 in Funchal auf Madeira.

Stopfenreuth

Weinviertelweg

Niederweiden und Schloß Hof

Schloß Hof: Im Park

Das Jagdschloß Niederweiden, von Fischer von Erlach erbaut, und Schloß Hof, von Lukas von Hildebrandt barock umgestaltet, waren beide im Besitz des Prinzen Eugen. Gekonnt renoviert, dienen sie heute als Ausstellungszentren.

Öffnungszeiten beider Schlösser: 8. April–1. November täglich von 10–17 Uhr.

Der Krieg in der Au

Die Stopfenreuther Au gilt trotz der Forstwirtschaft, die dort betrieben wird, als eine der letzten ursprünglichen Flußlandschaften Europas. Im Herbst 1984 sollte bei Hainburg mit dem Bau eines Kraftwerkes begonnen werden, wodurch die Au massiv beeinträchtigt, wenn nicht gar zerstört worden wäre.

11

Am 8. Dezember versammelten sich 8000 Menschen in der Au, um gegen den Kraftwerksbau zu demonstrieren. Etwa 1000 blieben in der Au und verhinderten von diesem Tag an jeden Rodungsversuch.
Am 19. Dezember kam es zwischen der mittlerweile auf 3500 Demonstranten angewachsenen Schar von Aubesetzern, die im Rodungsgebiet trotz grimmiger Kälte campierten, und der Exekutive zu blutigen Zusammenstößen, bei denen Dutzende der Au-Befürworter verletzt und noch mehr festgenommen wurden.
Am Abend des gleichen Tages demonstrierten spontan 30.000 Menschen in Wien für die Erhaltung der Au. Das führte den politischen Umschwung herbei. Nach einem Weihnachtsfrieden wurde am 3. Jänner die Rodungsbewilligung aufgehoben, wenig später stellte die Ökologie-Kommission der Regierung fest, daß die Erhaltung der Au Vorrang habe.
1986 wurde auch die wasserrechtliche Genehmigung für das Kraftwerk aufgehoben. 1989 kaufte der World Wildlife Fund (WWF) in einer Aktion 4 Millionen Quadratmeter der Au. Seither wird die Errichtung eines Nationalparks, der die Donau-March-Auen umfaßt, vorbereitet.

Bad Deutsch-Altenburg

i Radinformationsstelle/Kurverwaltung ☎ 02165-62459

Neusiedlerseeweg

Wenn Sie bei Stopfenreuth die Donau überqueren, stehen Sie in Bad Deutsch-Altenburg wieder einmal auf dem Boden einer ehemaligen Residenzstadt. Carnuntum, die bedeutendste Römersiedlung in Österreich, war die Hauptstadt von Oberpannonien und damit militärischer, politischer und wirtschaftlicher Mittelpunkt dieser Region. Nach dem Krieg mit den Markomannen (170 n. Chr.) wurde Carnuntum Hauptquartier und Residenz des Kaisers Marc Aurel, der in Wien gestorben sein soll.
Von da an ging es mit Carnuntum bergab. Als Kaiser Valentinian Ende des 3. Jahrhunderts an die Donau kam, um die Truppen am Limes zu inspizieren, berichtete sein Schreiber über Carnuntum:

„Es ist ein verlassenes, schmutziges Nest." Ende des 4. Jahrhunderts verschwindet Carnuntum endgültig aus der Geschichte.
Ganz verschwunden ist Carnuntum aber doch nicht. Nach einigen Zufallsfunden begannen 1852 die planmäßigen Ausgrabungen, bei denen man das militärische und das zivile Amphitheater, Teile der Zivilstadt und das Legionslager ausgrub. Das Militärlager wurde später wieder zugeschüttet.
In der Zivilstadt sind heute noch die Reste von sechs Häusern mit Fußbodenheizung und Bad zu sehen. Die Straßen sind kanalisiert und gepflastert, die Kanäle funktionieren selbst bei schweren Regenfällen auch heute noch.
Gleichfalls aus der Römerzeit stammt das mächtige Heidentor bei Petronell, dessen Zweck bis heute nicht ganz geklärt ist.

Archäologiepark Carnuntum

Antikes Stadtviertel der römischen Zivilstadt und andere Ausgrabungen
Öffnungszeiten: April bis Oktober täglich von 9–17 Uhr
Archäologisches Museum Carnuntinum in Bad Deutsch Altenburg: Römische Grabungsfunde. Öffnungszeiten: täglich, außer Mo, von 10–17 Uhr, Fr bis 19 Uhr

Ganz in der Nähe der Ausgrabungen finden Sie auch eine Rundkapelle, die zu den schönsten Zeugnissen der Romanik in Österreich zählt.
Im heutigen Bad Deutsch-Altenburg, das mit seinen Jodschwefelquellen zum Kurbad aufgestiegen ist, sollten Sie die Pfarrkirche, eine romanische Pfeilerbasilika, und den Karner aus dem 13. Jahrhundert besichtigen.
Im ehemaligen Wasserschloß Ludwigstorff ist heute ein Museum untergebracht.

Hainburg

Gemeindeamt ☎ 02165-62111

Preßburg

Von Bad Deutsch-Altenburg ist es wirklich nur noch ein „Hupfer" hinüber nach Hainburg, der allerletzten Station Ihrer Donaufahrt. Das mächtige Wiener Tor soll Sie noch einmal an Dürnstein und König Richard Löwenherz erinnern. Hier und vielleicht noch besser am anderen Ende der Stadt, beim Ungartor, sehen Sie die Stadtmauern und Befestigungen, die mit dem Lösegeld aus England gebaut wurden.

Gegen die Türken, die am 12. Juni 1683 die Stadt stürmten, haben diese Befestigungen allerdings auch nichts geholfen. Die Hainburger sahen damals nur eine Möglichkeit: die Flucht. Hinunter zur Donau wollten sie, hinüber ans andere Ufer, in die Au, wo keine Türken waren.

Beim Fischertor, dem kleinsten der drei Stadttore, kam es zu einer fürchterlichen Drängerei. Die Stadttore, die wegen der Türken geschlossen worden waren, ließen sich nur nach innen öffnen. Doch dort drängten sich schon die Menschen, und immer mehr drängten nach. Die Tore gingen nicht auf, die Leute waren in der engen Gasse gefangen. Sie wurden von den nachrückenden Türken hingeschlachtet.

Haydns Opa überlebte

8432 Hainburger sollen am 12. Juni 1683 von den Türken niedergemetzelt worden sein. Nur acht, so berichtet die Fama, sollen den Türkenschwertern entkommen sein. Sie hatten sich in einem schliefbaren Kamin des Gasthauses „Zum Wilden Mann" verkrochen. Einer der acht war der Großvater Joseph Haydns.

Aber nicht nur die Blutgasse mit dem malerischen Fischertor erinnert heute noch an die Türken. Mit Recht weisen die Hainburger auf eine kleine Kapelle im Areal der Burgruine hin, deren Gewölbe erst

Hainburg: Romanischer Karner

in den letzten Jahren restauriert und frisch aufgemauert wurde. Von türkischen Gastarbeitern, denn nur diese Maurer verstehen sich noch auf die bei uns längst vergessene Kunst der Steinmaurerei. Praktische Wiedergutmachung nannten das die Hainburger scherzhaft!

Ein romanischer Karner und eine gotische Lichtsäule zählen zu den kulturhistorischen Sehenswürdigkeiten von Hainburg, daneben gibt es zahlreiche Barock- und Renaissancehäuser in gut erhaltenem Zustand.

Erinnern Sie sich an die Donauuferbahn in der Wachau, und wie landschaftsschonend sie gebaut wurde? Hier an der Donau, in Hainburg, können Sie sehen, wie es vielleicht geworden wäre, wenn der Kaiser kein Machtwort gesprochen hätte.

Wenn Sie noch Mumm in den Knochen haben, können Sie jetzt zum Abschluß noch den Braunsberg erklimmen (mit oder ohne Fahrrad). Von dort haben Sie einen herrlichen Rundblick. Wien im Westen, Preßburg im Osten, die Marchmündung – alles liegt Ihnen zu Füßen. Und natürlich die Donau, die auf 350 km Ihr ständiger Begleiter war.

Register

1 Passau – Schlögen

2 Schlögen – Aschach

3 Aschach – Linz

4 Linz – Mauthausen

5 Mauthausen – Grein

6 Grein – Ybbs

7 Ybbs – Melk

8 Melk – Krems

9 Krems – Tulln

10 Tulln – Wien

11 Wien – Hainburg

Sachgebiete

Bildnachweis

Ferdinand Bertl, Gerersdorf Titelfoto

blickpunkte – Die Donau (Zeitschrift)
Seite 80, 84

S. Bohnacker
Seite 53 oben, 63 unten

Donau – Spiegel der Seele (Prospekt der Donauregion OÖ)
Seite 59, 77 unten, 85 oben

Donaukraft (Katalog)
Seite 42

Stadtgemeinde Hainburg
Seite 169 unten, 185

Stiftsmuseum Klosterneuburg
Seite 164, 165, 166

LVT-OÖ, Linz
Seite 5, 27, 35 oben, 51 oben, 186

LVT-OÖ, Linz/ESG
Seite 51

Marktgemeinde Mauthausen
Seite 53 unten, 63 oben

Die Mostgalerie, Ardagger
Seite 76

ÖAR Gander
Seite 70

Ein Ort des Friedens – Cella angelorum (Katalog)
Seite 24, 25

Österreich Werbung, Wien
Seite 11 unten, 32, 35 unten, 39, 43, 45, 47, 56, 68, 69, 73, 75, 77 oben, 89, 91, 92, 96, 104, 118 oben, 121 unten, 129, 136 Mitte, 147, 155, 158, 160, 169 oben, 174, 179, 181

Österreichische Nationalbibliothek, Bildarchiv
Seite 26, 50, 52, 83, 112, 176

Fremdenverkehrsverein Passau
Seite 15, 16, 17, 19

Fremdenverkehrsgemeinschaft Passauer Land, Passau
Seite 11 oben

Karl Rambousek, St. Pölten
Seite 85 unten, 97, 98, 100, 101, 105, 107, 108, 109, 110, 111, 115, 116, 117, 118 unten, 119, 121 oben, 122, 124, 125, 126, 128, 132, 133, 134, 135, 136 oben, 136 unten, 137, 138, 139, 141 oben, 144

Steinlechner/Donauregion OÖ
Seite 23, 40

Stadtamt Tulln
Seite 141 unten, 149, 150, 154, 155 oben

Gernot Wagner, Amstetten
Seite 20

Wo Gastlichkeit noch großgeschrieben wird!

(In topographischer Reihenfolge)

Auf fröhlicher Welle

Mit dem Rad und Schiff durchs Donautal

ABFAHRTEN DONAUABWÄRTS

Abfahrts-/Ankunftsort		❶	❷	❸	❹	❺	❻	❼
Deggendorf	ab	–	–	–	–	9.15	–	–
Vilshofen		–	–	–	–	11.00	–	–
Passau		9.00	9.30	10.00	11.00	13.00	12.30	14.30
Obernzell		9.50	10.45	–	11.50	13.50	–	–
Engelhartszell		–	–	11.30	14.15	–	14.00	16.00
Brandstatt		12.40	–	–	–	–	–	–
Linz	an	14.10	–	–	–	–	–	–

ABFAHRTEN DONAUAUFWÄRTS

Abfahrts-/Ankunftsort		❶	❷	❸	❹	❺	❻	❼
Linz	ab	14.20	–	–	–	–	–	–
Brandstatt		16.00	–	–	–	–	–	–
Schlögen		18.00	–	–	–	–	–	–
Engelhartszell		19.00	–	12.00	14.45	–	14.30	16.30
Obernzell		19.50	10.45	–	15.35	13.55	–	–
Passau		20.50	11.45	14.00	16.45	15.00	16.30	18.30
Vilshofen		–	–	–	–	17.00	–	–
Deggendorf	an	–	–	–	–	20.15	–	–

Bei den Fahrten, ❶, ❸, ❹, ❻ und ❼ handelt es sich um grenzüberschreitende Fahrten. Personalausweis oder Reisepaß ist erforderlich.
Fahrt Nr. ❷ und ❺ ist eine Inlandsfahrt.

Verkehrszeiten:
❶ täglich vom 15. 4. bis 22. 10. 1995
❷ und ❻ täglich vom 3. 6. bis 1. 10. 1995
❸ täglich vom 1. 4. bis 5. 11. 1995
❹ täglich vom 29. 4. bis 22. 10. 1995
❺ täglich vom 29. 4. bis 30. 9. 1995
❼ täglich vom 1. 4. bis 22. 10. 1995

Tanz an Bord von 19 bis 23.45 Uhr jeden Samstag ab Passau vom 29. April bis 28. Oktober 1995 und Freitag vom 26. Mai bis 13. Oktober 1995.

Beförderung von Fahrrädern auf dem Schiff von Wurm + Köck kostenlos!

Donauschiffahrt
WURM + KÖCK

D-94032 Passau · Höllgasse 26 · Tel. 08 51/92 92 92 · Fax 3 55 18

Familienbetrieb, alle Zimmer mit DU/WC/Tel. Ideales Etappenziel von Passau kommend, oder Ihr Ausgangspunkt des Donau-Radweges.

Gasthof Ronthalerhof

A-4090 Engelhartszell, Ronthal

Tel. 07717/8083 (international 0043/7717-8083)

Gratis-Parkplatz • Radverleih • Hotelbus

★ ★ ★

HOTEL – RESTAURANT – CAFÉ

Zum Goldenen Schiff

Familie Steininger

A-4090 Engelhartszell 2

Tel. 07717/8009 – aus der BRD 0043/7717/8009
Fax 07717/80097

Alle Zimmer mit vollem Komfort, auch Telefon und TV.

Übernachtung mit verstärktem Frühstück:

Einzelzimmer mit DU/WC	öS 500,–
Zweibettzummer mit Bad oder Du/WC	öS 350,– bis 500,–
Zusatzbett	ös 240,–
Gitterbett ohne Frühstück	öS 150,–
Halbpension Aufpreis auf ÜF	öS 140,–
Mitbringen eines Hundes	öS 50,–

(Inklusivpreise pro Person und Tag)

Die <u>älteste</u> Radfähre im oberen Donautal – MOSTHEURIGER

Familie Pumberger

A-4085 Hofkirchen, Au 1 (linkes Donauufer), Tel.07285/6317

Privatzimmer mit Du/WC – Zeltplatz!

Einen Kilometer unterhalb der Radfähre Schlögen verkehrt unsere schöne Fährzille, die 20 Radfahrern Platz bietet.

Es werden auch Einzelpersonen befördert; günstige Fahrpreise!

Betriebszeit: täglich, vom 1. April bis 30. Oktober

GASTHOF

»Jägerwirt«

Familie Landerl

Au an der Donau

A-4332 Oberer Markt 24

Telefon 07262 / 585 14

Unser Haus mit Tradition bietet Ihnen ruhige Komfortzimmer mit Balkon, gesicherte Radabstellplätze, Kinderspielplatz.

Schöner Gastgarten, Bootsanlegestelle.

Wir servieren Ihnen Hausmannskost, Wild- und Fischspezialitäten.

Weine aus der Wachau.

CAMPING AU/DONAU

Marktgemeinde Naarn i. M.
A-4331 Naarn

Tel. 07262 / 582 55, 530 90

Neuer Campingplatz bei Bootshafen in sehr ruhiger Lage.
Warmwasserduschen, Waschmaschinen und Wäschetrockner vorhanden.
In der Nähe des Campingplatzes Gasthäuser und Verpflegungsmöglichkeiten.
Platz für 250 Personen.

- Erlebnisspielplatz für Kinder und Freizeitanlagen – 4 Tennisplätze, Asphaltbahnen und Volleyballfeld
- Fischerkarten für Donau und Aist im Ort erhältlich
- Ausflugsmöglichkeiten ins Aist- und Naarntal
- Wandermöglichkeiten in den Donauauen – gekennzeichneter Au-Lehrpfad und Fitweg

Fahrradfreundlicher *** Gasthof

Zum Braunen Hirschen

Johanna Oberleitner

Komfortzimmer, hauseigener Badesee, große Liegewiese, gutbürgerliche Küche, auch Naturkost.

A-3370 Ybbs, Rathausgasse 5

Tel. 07412/522 45 – Fax 07412/522 45-45

Privatzimmer Fam. Leeb

3680 Persenbeug, Hagsdorf 19

Tel. 07412 / 547 18

*Komfortzimmer in ruhiger Lage, **direkt** am Donauradweg, 2 km nach Persenbeug*

Ihre Frühstückspension:

Familie

PORRANZL

Hier finden Sie Ruhe, Erholung und Gemütlichkeit.

Zufahrt: Richtung Persenbeug bis zum Schloß, dann links auf der B 36 bis Altenmarkt.

Gratis-Abholung!

Tel. 07412/554 84

Marktgemeinde Krummnußbaum

am rechten Donauufer gegenüber Marbach – Maria Taferl
(Fährverbindung) Postleitzahl 3375

Tel. 02757/24 03 Gemeindeamt (Zimmernachweis) – Fax 02757/88 24

Seehöhe 210 m, 1300 Einwohner, Rückstaubereich des Donaukraftwerks Melk, ÖBB-Station, Bank, Post, Mechaniker.

RADWEG am Treppelweg entlang der Donau und **ohne Umweg durch den Ort.** Lebensmittelgeschäfte, Bäckerei, Gasthöfe mit Zimmer, Privatzimmer, Urlaub am Bauernhof, Café-Konditorei, Töpferstube, Bootshafen, Wassersport, Angelsport, Wanderwege.

Sehenswert: moderne Mehrzweckkirche, Dorfkapelle, Nepomukstatue bei der Fähre, Nikolauskirche in Holzern, Schloß (Privatbesitz), Waldkapelle Steinbründl.

GASTHÄUSER

Café-Restaurant Göbl, Hauptstraße 19, Tel. 02757/22 13
Bäckerei, Konditorei (Mittwoch Ruhetag)

Gutlederer Reinhold und Kornelia, Gasthof, Fremdenzimmer (ab 1995), Tel. 02757/710 64

Czihak Franz und Christine, Schloßtaverne,
Hauptstraße 36, Tel. 02757/23 31,
Fremdenzimmer, Gastgarten (Montag Ruhetag)

Renner Adolf, Waldgasthof Streinbründl, Tel. 027577/32 32

Schachinger Manfred, Gasthaus bei der Fähre, Hauptstraße 88, Tel. 02757/23 32

PRIVATZIMMER

Lechner Ferdinand und Magdalena, Hauptstraße 51, Tel. 02757/77 93

URLAUB AM BAUERNHOF

Zehetgruber Franz, Diedersdorf 6, 3374 Säusenstein, Tel. 07412/558 36
Hell Karl, Diedersdorf 3, 3374 Säusenstein, Tel. 07412/383 72

TÖPFERSTUBE BRANDL – Annastift, Tel. 02757/77 77

RADSERVICE GARTLER, Hauptstraße 72, Tel. 02757/24 31

1. Stock: Gastzimmer, Frühstücksraum, Speisesaal (Billard, Dart, TV-Geräte – Flipper, Fußball usw.);
2. Stock: Gästezimmer;
Parterre: Tanzcafè „Golden Gate“.

Gastgarten mit Riesenschirm, Klettergerät, gegenüber Minigolfplatz, Garage. Gutbürgerliche Küche!

Gasthof/Tanzcafè

Ingrid Schauer/Lahmer

A-3660 Kleinpöchlarn, Kremser Straße 6
Tel. 07413/82 24

pro Person, mit Frühstück

4/2-Bett-Zimmer mit DU	öS 220,–
1/3-Bett-Zimmer mit DU	öS 180,–
2/3-Bett-Zimmer mit Minibar, TV-Möglichkeit, DU/WC	öS 350,–
1/4-Bett-Zimmer mit DU/WC im Privathaus gegenüber	öS 160,–
1/2-Bett-Zimmer mit DU/WC im Privathaus gegenüber	öS 250,–

GASTHOF
GOLDENER STERN

K. und M. Hirtzenberger

A-3390 MELK, Sterngasse 17, Tel. 02752/22 14

In der Fußgängerzone gelegenes Gasthaus mit ruhigen, preiswerten Zimmern – Hausmannskost. Fahrradeinstellmöglichkeit!

Hotel-Restaurant
GOLDENER OCHS

A-3390 Melk, Nibelungenlände 7
Telefon 02752/23 67 – Telefax 02752/23 6 76

Zimmer mit Du/WC, gutbürgerliches Haus, schattiger Gastgarten, Weinkeller, Radeinstellplatz. Direkt am Donauarm – Bundesstraße 1

HOTEL-RESTAURANT
ZUR POST ****

A-3390 Melk, Linzer Straße 1

Tel. 02752/23 45 – Fax 02752/23 45-50

Ein gutbürgerliches Haus im Zentrum von Melk, mit herrlichem Blick auf das Barockstift. 60 Betten, alle Zimmer mir Dusche/Bad,WC, Telefon, Radio und TV, abgesperrtem Radabstellplatz, Sauna.
Unsere Küche bemüht sich, Sie mit abwechslungsreicher, traditioneller Gastlichkeit zu verwöhnen (Radlermenüs, Vollwertkost), eigener Eissalon, Arkadenhof, Restaurant in alten Gewölben. Als Familienbetrieb legen wir größten Wert auf das Wohlergehen unserer Gäste. Auf Ihren Besuch freuen wir uns schon heute.

Familie Ebner

GASTHOF „Melkerblick" HOTEL

Familie Klapper

A-3644 Emmersdorf, Luberegg 20

Tel. 02752/714 71-0, Telefax 02752/714 71-71

Unser neu renovierter Familienbetrieb der Kategorie ☆☆☆☆ liegt nahe der Donau mit Blick auf das Benediktinerstift Melk, in unmittelbarer Nähe des Donauzentrums Altarm Luberegg (Baden, Surfen, Paddeln).

Bootsanlegestelle Donau, Hafenstüberl.

28 Komfortzimmer (58 Betten) verfügen über Dusche, WC, TV, Telefon, Vollholzmöbel, Biozimmer.

Bekannt gute Küche, internationale (Grill-)Spezialitäten, bodenständige Hausmannskost, Wild-, Lamm-, Fisch-, Spargel- und Pilzgerichte (nach Saison).

Radfahrer sind herzlich willkommen!

Privatzimmer Familie Sundl

A-3644 Emmersdorf Nr. 100, Tel. 02752/714 19

Unser familienfreundliches Haus liegt 400 Meter vom Ortskern Emmersdorf in ruhiger Lage, gegenüber dem Stift Melk. Zimmer mit Dusche/WC, Balkon, Teeküche, Aufenthaltsraum, Fahrradgarage. Abholung von Melk möglich.

Restaurant

GASTHOF
„ZUM SCHWAN“

GERDA SCHMIDT

A-3133 TRAISMAUER, Wiener Straße 12

Tel. 02783 / 236-0, 462-0, Fax 02783 / 236-16

Der Gasthof mit Renaissance-Innenhof und Arkadengang befindet sich im Zentrum von Traismauer.

Die Zimmer sind dem Stil des Hauses angepaßt und mit Dusche oder Bad, WC, TV, Radio und Telefon mit Direktwahl ausgestattet.

Die bekannt gute Küche bietet internationale und bodenständige Gerichte, der Keller gepflegte Weine aus der nahen Wachau.

Gästegarten und Fahrradgarage.

GASTHOF VENUSBERG

A-3133 TRAISMAUER

Venusberger Straße 65

Telefon 02783 / 357 – Fax 02783 / 357-200

Ganztägig warme Küche

Eigenbauweine

Gemütlicher Gastgarten

Komfortzimmer

Unser Familienbetrieb liegt ca. 800 m vom Ortskern entfernt (Bahnübersetzung – Venusberger Straße entlang).
In den rustikal eingerichteten Komfortzimmern – alle mit Dusche, WC, Telefon und TV – sollen sich unsere Gäste ganz wie zu Hause fühlen.

Wir würden uns freuen, Sie bei uns begrüßen zu dürfen.

Familie Raderer

GASTHOF FRANZ HINTERWALLNER

A-3435 Pischelsdorf 33, Telefon 02277 / 24 84

Zimmer mit Dusche und WC
Preis pro Bett: öS 250,– mit Frühstück.
Einstellmöglichkeit für Fahrräder. Schöner Gastgarten!

Gasthof – Donauterrasse

„Brauner Bär"

H. NEUWIRTH

A-3422 Greifenstein, Hauptstraße 10

Telefon 02242 / 323 49 – Fax 02242/329 39

Unser Familienbetrieb liegt in schöner Lage am Fuße des Wienerwaldes in unmittelbarer Nähe des Donauradweges.

14 Doppelzimmer mit Dusche/WC;
Dépendance: Villa in ruhiger Lage, 1 4-Bett-Appartement mit Wohnzimmer, Küche, 2 Schlafzimmer;
2 Doppelzimmer mit Bad/WC.
Kostenlose Radgarage.

Warme Küche von 11.30 bis 22.00 Uhr. Kein Ruhetag.
Fünf Gehminuten zum Bahnhof, in 30 Minuten mit der Schnellbahn nach Wien-Mitte; nach Passau günstige Zugverbindungen.

Schöne Wanderwege im Donaualtarm und im Wienerwald.
Bademöglichkeit und Bootsvermietung im Ort.

Auf Ihr Kommen freut sich der
„Braune Bär".

Donaurestaurant

Tuttendörfl

KORNEUBURG

Ursula und Günther Gass

A-2100 Korneuburg, Tuttendörfl 6

Tel. 02262/24 85-0, 56 77,
Fax 02262/615 35

Warme Küche von 11.30 bis 22 Uhr,
Sonntag und Montag Ruhetag.

Appetit macht nicht nur die Speisekarte, sondern auch die würzige Donauluft im schattigen Gastgarten. Das Tuttendörfl verbindet Tradition mit moderner, leichter Küche. Der Chef des Hauses bietet auf seiner Speisenkarte Bodenständiges sowie eigene, ansprechende Kreationen.

DER TREFF • in KLOSTERNEUBURG

RESTAURANT

Café Veit

Gegenüber dem Radweg (Bahnhof) – Kaffee-Spezialitäten,
eigene Konditorei, Wiener Küche von 11–22 Uhr, Terrasse

UNTER GLEICHER FÜHRUNG

Frühstücks-Pension

Alte Mühle

Tel. 02243 / 377 88
Mühlengasse 36

Hotel

Schrannenhof

Tel. 02243 / 320 72
Niedermarkt 17–19

3400 Klosterneuburg

Zimmer und Appartements mit Dusche oder Bad/WC, Telefon, Sat-TV.
Reichhaltiges Frühstück, gute Bus- und Bahnverbindungen nach Wien.
Radeinstellmöglichkeit

nur
S 280,-*/Jahr
inkl. Versicherungs-
schutz!
*Studenten: nur 220,--